금쪽같은 내 재산 지키는

재개발
재건축
법률상식
119

일러두기 　 본문 속에 언급되거나 인용되고 있는 법령은 2018년 2월 9일 이후 시행된 것을 기준으로 삼았습니다. 다만 판례에서 인용된 법조항은 위 날짜 이전의 구법 조항일 수 있습니다.
2018년 이전의 도시정비법은 '구법' '구 도시정비법'으로, 개정된 법은 '2018년 개정법' '개정된 도시정비법' 등으로 칭하였습니다.

금쪽같은 내 재산 지키는

재개발 재건축
법률상식 119

개정판 1쇄 발행 2021년 6월 20일
개정판 2쇄 발행 2022년 9월 1일

지은이 김향훈, 김정우, 권재호, 최혜진, 주영

펴낸이 김찬희
펴낸곳 끌리는책

출판등록 신고번호 제25100-2011-000073호
주소 서울시 구로구 연동로 11길 9, 202호
전화 영업부 (02)335-6936 편집부 (02)2060-5821
팩스 (02)335-0550
이메일 happybookpub@gmail.com
페이스북 facebook.com/happybookpub/
블로그 blog.naver.com/happybookpub

ISBN 979-11-87059-46-2 13360
값 18,000원

금쪽같은 내 재산 지키는

재개발
재건축
법률상식
119

법무법인 센트로
김향훈 변호사
김정우 변호사
권재호 변호사
최혜진 변호사
주영 사무국장
지음

끌리는책

재개발 재건축은
내 재산을 제대로 지키는 일

전국에 재개발 재건축 사업구역이 2천 개 이상이다.

내 집은 물론 친인척이나 친구 집도 언제든지 사업구역에 포함될 수 있다. 지은 지 얼마 안 된 대규모 아파트 단지라면 재건축이 요원하지만, 새 아파트라도 나 홀로 아파트라면 주변의 오래된 건물과 함께 재건축 구역으로 지정될 수 있다. 때로는 영업 목적으로 임차한 상가건물이 재건축사업구역에 포함될 수도 있다. 재개발 재건축은 이제 남의 일이 아니다.

나(김향훈)는 18년째 변호사 일을 하고 있다. 그중 만 16년 동안 재개발 재건축 전문 변호사로 활동했다. 지금은 법무법인 센트로 대표 변호사이고, 소속 변호사도 14명이며 각자 전문 분야가 따로 있다. 센트로에서 지금 맡고 있는 사건의 약 80%가 재개발 재건축과 관련되어 있다. 총 15명의 변호사로 구성된 법무법인 센트로는 재개발 재건축만을 전담하고 있는 변호사 숫자를 기준으로 하면 전국에서 가장 많은 변호사를 보유하고 있는 로펌이 되었다.

2005년 12월, 어느 조합의 고문변호사가 되면서 이쪽 일을 시작했다. 수많은 재개발 재건축 관련 사건을 맡으면서, 조합 측 대리인도, 조합원 측 대리인도 해 보았다. 크게 승소한 적도, 패소한 적도 있다. 경험이 축적되면서 점차 나만의 노하우도 생겼다. 상담 내용, 법률자문 내용, 소송수행 사례가 쌓였고, 이를 블로그에 오랫동안 정리했다. 이 콘텐츠를 일반인도 알기 쉽게 책으로 묶었다.

이 책은 조합과, 조합원 및 현금청산자(새 아파트의 분양권을 포기하는 대신 조합으로부터 현금을 받고 사업에서 빠지는 조합원), 그리고 재개발 재건축에 관심이 있는 일반 독자를 염두에 두고 썼다. 시행자인 조합은 시공사(건설회사)와 컨설팅업체 등의 도움을 받으면서 조직적으로 움직인다. 반면에 일반 조합원은 자신들의 뜻을 관철시킬 수단도 없고 사업을 강하게 밀어붙이는 조합임원과 협력업체를 만났을 경우, 이에 대항할 방법을 찾기가 쉽지 않다. 그래서 일반 조합원과 청산자에게는 이 책이 많은 도움이 될 것이다. 조합임원도 전반적인 사업 진행상황, 조합원의 생각, 청산자의 대응양식 등을 이 책을 통해 이해할 수 있을 것이다.

강력하고 효율적인 사업 진행을 이유로 다양한 의견을 무시하거나 소수의 권익을 억압한다면 조합원의 반발은 물론 그로 인한 역효과도 불러올 수 있다. 재개발 재건축 관련 현장에서는 이해당사자가 너무 많다 보니, 한쪽이 웃음을 짓는 순간 땅을 치며 피눈물을 흘려야 하는 사람이 생긴다. 전쟁터가 따로 없다. 재개발 재건축에 대한 시중의 다른 책들은 주로 투자의 관점에서, 이익을 챙기는 사람들의 성공담만 보여준 경향이 있다. 하지만 이 책은 재개발 재건축에서의 대립상쟁이 누군가의 피해를 가져올 수 있다는 점을 지적하고 이러한 피해를 최소화하는 방법도 담았다. 투자를 위해서는 성공담과 실패담 모두를 알고 있어야 한다.

재개발, 재건축의 사업진행에 관한 법률인 도시 및 주거환경정비법(도시정비법)이 2003년 7월 1일 시행되기 시작하였고, 14년이 지난 뒤 2018년 2월 9일자로 전면 개정된 법률이 시행되었다. 이로써 과거의 조문배열 순서가 완전히 바뀌었다. 2018년 이후 개정법의 특기할 만한 사항은 다음과 같다.

1) 조합설립미동의자에 대한 매도청구시점을 사업시행인가 고시 이후로 늦추었다(제64조).
2) 분양신청할 때 철거대상인 자기 집의 금액도 모르고 묻지 마 신청을 하던 기존의 제도를 고쳐, 미리 종전자산의 가액과 분

담금의 추산액을 알려주기로 하였다(제72조 제1항).

3) 투기과열지구에서 분양을 받게 된 자는 5년 내에는 분양신청할 수 없게 하였다(일명 5년 내 재당첨금지, 제72조 제6항).

4) 분양미신청자(청산자)에 대한 수용재결신청과 매도청구소송제기 시점을 관리처분인가 고시 후 일정기간 내에 하도록 하였다(제73조).

5) 정비구역에서 거주하고 있는 자로서 선임일 직전 3년 동안 정비구역 내 거주 기간이 1년 이상이거나 정비구역에 위치한 건축물 또는 토지를 5년 이상 소유하고 있는 사람 중에서 조합의 임원을 선임하도록 자격요건을 강화하였다(제41조).

6) 한국토지주택공사 등이 재개발사업의 사업시행자로 참여하는 공공재개발사업과 한국토지주택공사 등으로 일정 세대수 이상을 건설·공급하는 재건축사업을 공공재건축사업으로 정의하는 규정이 신설되었다(제2조).

이번에는 법무법인 센트로의 김정우, 권재호, 최혜진 변호사와 주영 사무국장이 공동 저자로 참여하게 되었다. 위 공저자들은 다년간 재개발 재건축 관련 업무에서 탁월한 역량을 발휘하였다.

아무쪼록 이 책이 재개발 재건축 사업에서 반드시 알아두어야 할 법률 지식을 전달하는 역할을 하기 바란다. 또한 재개발 재건축 사업에 참여한 모든 주체가 합리적으로 상호 원원하는 방법을 찾아내는 데 도움이 되기를 소망한다.

2021년 6월

김향훈, 김정우, 권재호, 최혜진, 주영

법 없이는 살 수 없다.
많은 사람의 이해관계를 합리적으로 풀어내는 수단 역시 법이다.
법 규정이나 판례 등에 대해 더 자세하게 알고 싶다면, 아래의 사이트에서 도움을 받을 수 있다.

① 재건축 관련 강의 동영상
　　→ 네이버 블로그(http://blog.naver.com/toinfinity6)
② 유튜브에서 '법무법인 센트로'라고 쳐도 된다.
③ 법률일반에 관한 지식
　　→ 리걸인사이트(http://legalinsight.co.kr/kimhh)
④ 소송사례 기타 정보
　　→ 법무법인 센트로 홈페이지(http://www.centrolaw.com)

CONTENTS

2장 ## 조합과 이해당사자들의 손익계산법

3장 남는 사람과 떠나는 사람의 동상이몽

4장 끝까지 계속되는 갈등과 충돌

1장

재개발 재건축,
이 정도는 기본 상식

재개발 재건축이란

재개발 재건축을 한마디로 말하면, 동네 사람 전체가 동업자가 되어 한꺼번에 집을 부수고 다시 짓는 사업이다. 혼자 신축하는 것보다 여럿이 같이 짓는 것이 더 경제적이고 효율적이기 때문이다. 재개발 재건축에 관한 근거 법률은 「도시 및 주거환경정비법」(약칭: 도시정비법)이다. 2002년 12월 30일에 공포되어 2003년 7월 1일부터 시행되고 있었다. 그 뒤 수차례의 개정이 있었는데, 2018년 2월 9일부터는 그 동안의 법조문 배열을 완전히 바꾼 전면개정법이 시행되었다.

분쟁의 원인은 동업이다

三

집을 새로 짓기로 했다. 나 혼자 내 집을 짓는 일이라면 힘들어도 혼자 비용을 부담하고, 모든 일을 혼자 결정하면 된다. 하지만 재개발 재건축은 마치 사업을 시작하는데 수십, 수백 명의 동업자가 있는 것과 비슷하다. 동업할 때는 이상하게도 돈 계산이 잘 맞지 않는다. 서로의 재산을 합쳐서 용광로에 넣은 뒤 새로운 아파트로 뽑아내 배분을 하는데, 왠지 기분이 이상해진다. '내 재산이 고작 이거였나?' 하는 생각이 든다. 나는 집을 새로 지을 생각이 없는데도 그 구역에 사는 사람들 75%가 신축하자고 하면 내 집도 부수고 함께 참여해야만 한다. 아니면 내 집을 팔고 떠나야 한다. 물론 제값에 팔고 떠나면 별 문제가 없다. 문제는 시세에 훨씬 못 미치는 경우가 많아서 분쟁으로 확대된다는 것이다.

조합장과 이사들은 동업자들의 대표 역할을 한다. 이들 집행부의 주도 하에 '시공사(건설회사)'와 기타 협력업체(설계업자, 컨설팅회사 등)를 선정한다. 그런데 그 과정에서 조합이 총회 때마다 부정투표를 하거나 조합임원들이 개인의 이익을 챙기는 일이 생기기도 한다. 물론 헌신적으로 노력하는 조합임원들도 많다. 하지만 주민들의 감시와 견제가 소홀하면 어디선가 잡음이 들리기 시작한다. 전국에 2천여 개 가량의 조합이나 정비구역이 있다고 한다. 이중에는 민주적으로 잘 운영되는 조합이 있는 반면, 엉터리 조합도 꽤 있다. 조합 임원들이 사익만을 추구하며 조합원들의 재산을 축내는 곳도 있고, 잘 굴러가던 조합도 일부 반대파 조합원의 악의로 망가지는 곳도 있다.

재건축과 재개발의 차이

'재건축(再建築)'은 도로, 하수도, 공원 등 정비기반시설이 이미 잘 갖추어진 곳에서 하는 사업이고, '재개발(再開發)'은 정비기반시설이 열악하고 노후 불량건축물이 밀집한 지역에서 하는 사업을 말한다. 단순하게 아파트 밀집 지역은 재건축, 단독주택 밀집지역은 재개발이라고 생각하면 된다. 재건축은 조합 임의가입, 재개발은 조합 강제가입이라는 점에서도 다르다. 즉, 조합설립에 필요한 인원인 75%가 채워지면 나머지 25%는 싫어도 강제로 조합원이 되는 것이 재개발이고, 나머지 반대자 25%는 조합원 자격을 얻지 못하고 그 부동산을 즉시 조합에 매각해야 하는 사업이 재건축이다.

재개발이나 재건축이냐에 따라 가지고 있는 집에 대한 시가(時價)보상 여부가 달라지고, 상가의 경우 영업손실보상 여부가 달라진다. 재건축은 시가보상을 해준다. 즉, 개발이익이 반영된 금액으로 보상해준다. 반면 재개발은 개발이익이 반영되지 않은 금액으로 보상을 해준다. 상가의 경우 영업 손실을 보상받을 수 있고 이전비(이사비)도 받을 수 있다. 중간에 사업에 동참하지 않기로 하여 조합원 자격을 상실한 현금청산자는 재건축의 경우에는 매도청구소송으로, 재개발의 경우에는 수용절차를 거친다는 차이점도 기억하자.

최근 재개발 재건축 사업에 분쟁이 많아진 이유

부동산 가격이 지속적으로 상승하던 과거에는 재개발 재건축은 재산증식을 할 수 있는 좋은 기회였고 투자 대상이었다. 우리나라는 1948년부터 2008년 9월까지 그야말로 엄청난 성장을 이루었다. 2008년 9월, 미국의 서브프라임 사태로 시작된 전 세계 금융 위기가 우리나라 경제를 위협하기 직전까지는 부동산 값이 지속적으로 미친 듯이 올랐다.

그때는 일단 집 한 채를 사두기만 하면 분명히, 그것도 계속해서 값이 올랐다. 그러나 부동산 가격 상승의 대세가 꺾인 이후의 재개발 재건축은 오히려 애물단지가 되어버렸다. 주택 소유자들은 신경을 많이 써야 하고 내야 할 돈도 많아진다. 상인과 월세 수입자는 수입의 기반을 잃어버린다. 지방자치단체는 가만히 앉아서 개발로 인한 이득만 누린다. 재개발 재건축은 이제는 내 재산 증식이 아니라, 건설회사와 기타 용역업체의 돈을 벌어주기 위해 그리고 지방자치단체의 업적을 위해 억지로 내 돈을 들여 신축을 해주는 기묘한 사업이 되었다. 이제 재개발 재건축은 그저 오래되어 살기 불편해진 집 주인들이 돈을 갹출하여 단체로 집 단장을 새로 하는 것이라는 생각을 바꿔야 하는 시대가 되었다.

재개발 재건축을 안 하고 싶다면?

구역 내에 가게를 두고 장사를 하는 상인들이나, 집을 세놓고 월세 수입으로 사는 사람들은 선뜻 개발에 찬성하기 쉽지 않다. 이런저런 이유로 개발을 원하지 않는다면 조합설립에 동의하지 않으면 된다. 구역 내 주민 75% 이상이 동의해야 조합을 설립하여 사업을 시작할 수 있고, 그에 미달하면 조합을 설립할 수 없기 때문이다. 조합설립에 동의한다는 것은 매우 중대한 의사결정이므로 정말 신중하게 결정해야 한다. 동네가 개발되면 몇 평짜리 아파트를 추가부담금 없이 준다는 말을 섣불리 믿어서는 안 된다. 문서로 되지 않은 약속은 나중에 다 부정되기 때문이다.

하지만 반대만 하면 내 부동산을 지키는 것으로 오해하는 경우도 있다. 아무리 반대를 하더라도 사업이 시행되는 경우가 있고, 법에 따라 절차는 진행되므로 내 권리는 스스로 지키려는 자세가 중요하다.

재건축에 반대하는 사람들

三

같은 아파트 내에서 재건축에 반대하는 사람들은 단지 내 상가의 상인들, 대형 평형대 동 주민들, 조망권이 좋은 동 주민들, 대지 면적이 넓은 동 주민들이다. 이들은 다른 주민들보다 자신들의 자산가치가 높다고 판단하기 때문에 개발에 반대하는 경우가 많다. 하지만 숫자가 적어서 다수결에 휘둘릴 가능성이 높다. 그런데 단지 내 상가의 상인들이 개발에 반대해서 아파트 전체의 개발이 좌절되는 경우가 있다. 이때는 아파트 주민과 상인들 사이에 소송이 벌어지기도 한다. 상가 동을 아예 개발대상에서 제외해버리는 소송(토지분할소송)이다. 일반 주민들은 어떤 상황인지 몰라서 우왕좌왕한다. 상대쪽의 대표를 매수하는 일도 생긴다. 같이 합쳐서 개발해야 서로에게 이익이지만, 양쪽의 계산법이 달라서 일어나는 일이다.

일단 조합이 결성되고 개발이 시작되었다면

三

　누가 조합장이고 임원인지, 그들이 어떠한 행동을 하는지 철저히 감시해야 한다. 그리고 총회에는 반드시 참석해야 한다. 내 재산권 행사에 관련된 사항이니 만큼 참석한 사람들 이야기만 들어서는 안 된다. 그리고 부재자 투표라고 할 수 있는 서면결의서는 되도록 내지 말아야 한다. 서면결의서는 회의 안건에 대하여 상세히 알지도 못한 채 무조건 찬성표를 찍게 되는 것이 보통이다. 그러면 주최 측의 의도대로 휩쓸리게 된다. 바로 이 서면결의서 제도 때문에 많은 부정과 문제점이 발생한다. 불가피하게 서면결의서를 낸다면 서울시 클린업시스템(cleanup.seoul.go.kr)에 들어가서 자신이 제출한 서면결의서의 내용이 위조된 것은 아닌지 확인해야 한다. 서면결의서 제출의 본인 확인을 위해 앞으로는 신분증 사본을 첨부하거나, 전자투표를 하는 것도 대안이 될 수 있다.

부동산 계약할 때 확인해야 할 사항

三

　우리가 상담한 의뢰인 중에 도로변 10층 건물을 구입하였는데 얼마 안 있어 재개발구역으로 지정되어 그 건물이 헐리게 되어버린분이 있었다. 그는 건물이 헐리더라도 시세로 보상을 받는다는 은행 직원의 자문을 받았다고 한다. 그러나 재건축에서는 시세보상을 하지만 재개발에서는 시세에 훨씬 못 미치는 공시지가를 기준으로 보상한다. 그는 순식간에 수십억 원을 손해 봤다(재건축이 시세보상을 한다고 하지만 이것 역시 시세에 못 미치는 것이 보통이다). 이처럼 재개발 재건축 가능성이 있는 지역에서 부동산을 거래할 때는 부동산중개사나 은행 직원의 자문에만 의존해서는 안 된다. 시청이나 구청의 주택과, 도시정비과 등을 찾아가 그 지역의 개발사업이 어떻게 진행되는지를 반드시 확인해야 한다. 그다음 전문 변호사와 꼭 상담해야 한다.

개발사업 이야기가 수십 년 동안 나왔는데 진척이 지지부진한 곳이 많다. 그래서 '오래 끌었는데 쉽게는 안 되겠지' 하며 방심하고 부동산을 구입하는 사람이 많다. 그러나 개발사업은 오랫동안 아무 움직임이 없다가도 순식간에 진전되는 경우가 많으므로 각별히 주의해야 한다.

개발 가능성이 있는 지역에서 건물을 임차할 경우

三

서울 종로 뒷골목에서 권리금 1억 원을 주고 PC방을 임차한 사람이 있었다. 그런데 1년 뒤에 임차한 건물이 철거당하고 말았다. 그 사람은 '설마 내가 영업할 때 건물이 헐리지는 않겠지' 하고 생각했다고 한다. 그는 권리금과 시설비를 합하여 2억 원 정도를 투자했지만, 법적으로 보상받은 비용은 약 4천만 원에 불과했다. 정보에 어두웠던 탓에 큰 손해를 본 것이다.

최근에는 권리금을 후속임차인한테 받을 수 있도록 법적 보호 장치가 마련되었다(상가건물임대차보호법 제10조의4). 그러나 건물을 아예 철거해서 후속임차인이 생길 수 없는 재개발 재건축에서는 아직 권리금 보호 장치가 없다. 따라서 개발 가능성이 있는 지역에서 건물을 임차하는 경우, 반드시 조합결성 여부 등 사업진척 정도를 사전에 알아보아야 한다. 이는 공인중개사가 중개대상물 설명확인서에 기재해야 하는 내용인데, 실제로는 중개사도 잘 모르거나 대충 설명하고 지나가는 경우가 많다. 이 경우 중개사에게 책임을 물을 수도 있지만 이미 손해를 입고 난 후의 구제책으로는 크게 도움이 되지 않으니 계약 전에 미리 꼼꼼하게 살피는 것이 최선이다.

살고 있는 동네에 개발 이야기가 돈다면

≡

나는 개발에 대한 생각이 없는데, 동네에서 개발 이야기가 나오고 조합이 결성되는 경우가 있다. 일단 개발사업이 진행되면 개인의 의지와는 상관없이 마을 전체를 통째로 감정평가해서 재산배분의 기초로 삼는다. 아무 생각 없이 조합의 활동만 지켜보지 말고, 미리 주변 시세를 면밀히 조사해두고 자신의 집에 대한 감정평가 사례를 수집해두면 좋다. 수시로 주변 시세를 체크하고, 도움이 될 만한 거래계약서를 확보하고, 필지 지번을 알아두어 등기부등본을 떼어두어야 한다. 이런 자료들이 나중에 자신의 집을 평가할 때 매우 귀중한 자료가 된다. 대지가 꽤 크고 가격이 높은 건물을 소유하고 있다면 별도의 비용을 들여 감정평가를 미리 받아둘 필요도 있다. 변호사나 감정평가사의 자문을 받아두면 좋은데, 적어도 5년 이상 재개발 재건축 사업을 경험해본 전문가를 찾는 것이 좋다.

분양신청을 하겠다는 의사표시의 의미는?

≡

조합이 결성되고 사업이 진행되면 신축 아파트 구입 여부를 결정해야 한다. 이를 분양신청이라고 한다. 아파트나 상가 중 몇 평형을 신청할지 결정하는 일이다(후술하겠지만 종교시설, 즉 교회나 사찰도 아파트와 상가 중에서 선택해야만 하는 심각한 문제점이 있다. 종교시설 존치는 도시정비법이 아예 염두에 두지 않고 있다). 그런데 2018년 2월 9일에 개정법이 시행되기 전에는 아주 심각한 문제가 있었다. 조합원의 지위에서 종전의 내 집은 얼마를 쳐주는지, 새로 살 집은 얼마인지, 추가로 내야 할 돈이 얼마인지를 모르는 상태에서 분양신청 여부를 결정해야만 했었다. 구법에서는 '개략적인' 부담금 내역만 알려주면 된다고 했는데, 이 개략적이라는 말이 너무 개략적이어서 아무런 도움이 안 되었다. 개발사업은 원래 불확실한 미래에 대한 투자라는 개념이 포함되어 있기는 하다. 그렇다고 하더라도 이미 나와 있는 감정평가금액을 알려주지 않은 상태에서 분양신청을 하게 하는 것은 위헌의 소지가 있었다. 그러던 것이 2018년 개정법에서는 미리 자신의 종전자산(철거대상 자산)의 가격과 분담금의 추산액을 알려주고 난 뒤 분양신청 여부를 결정하도록 개정하였다. 다행스러운 일이다.

만일 분양신청을 안 하면 자신의 종전 집을 강제로 팔고 떠나야 한다. 그런데 이 값이 시세보다 매우 낮아서 큰 불만이 생기게 된다. 그렇다고 분양신청을 하자니 부담금이 정말 부담이 되는데, 그 부담금은 앞으로도 늘어나면 늘어났지 줄어들 일은 없다. 그야말로 이러지도 저러지도 못하는 상황에 직면한다.

분양신청을 하게 되더라도 본인의 의사를 확실하게 해두고 싶다면, 신청서에 기재를 하거나 내용증명으로 반드시 본인의 의사를 표시해야 추후 분쟁이 발생할 시 도움이 된다.

중산층의 해체 - 다가구주택을 소유한 노부부의 운명

三

안타까운 상담 사례 중 하나를 소개한다. 젊어서 열심히 일해 번 돈으로 장만한 4층짜리 다가구주택을 소유한 노부부가 있었다. 부부는 1층부터 3층까지는 세를 내주고 4층에 살았다. 월세 수입은 200만 원 정도였는데, 이 돈으로 노부부는 생활이 가능했다. 그런데 이 집이 재개발되면 4층짜리 다가구주택이 33평형 아파트 한 채로 바뀌게 된다. 졸지에 월세 수입이 사라지는 것이다. 부부의 노후 생활은 암담해진다. 이런 사례가 생각보다 많다.

현행 도시정비사업에서는 주민들이 스스로 도로, 공원, 동사무소 등을 지어서 지방자치단체에 바친다. 지자체는 인·허가해주고 취·등록세 등의 수입을 챙기고 도시정비 효과도 누린다. 부담은 고스란히 주민들 몫이다. 대규모로 동시에 지어진 아파트나 공동주택의 재건축은 어쩔 수 없다고 하더라도, 단독주택 지역의 경우는 집주인이 스스로 판단하고 결정할 수 있도록 해야 한다. 일방적이고 강제적인 대규모 개발사업은 예상치 못하는 피해와 분쟁도 많이 발생하므로 앞으로 더욱 신중하게 접근하고 진행할 필요가 있다. 분쟁이 줄어들어 변호사들의 일이 줄어드는 것은 안타깝지만……

개발사업에서는 타인의 말을 함부로 믿지 말자

≡

개발사업과 관련된 중요한 의사결정을 할 때는 사람들의 말을 함부로 믿으면 안 된다. 녹음을 하거나, 각서를 받아야 한다. 조합임원, 건설회사 등을 선정할 때 정신 바짝 차려야 한다. 예를 들어 홍보요원(OS요원)의 살랑거리는 말에 넘어가 프라이팬 받고 도장 등을 함부로 찍어주면 그 값의 100배 정도 되는 돈을 손해 볼 수 있다. 조합장이나 총무이사가 아무리 장담하더라도 문서로 기록된 말이 아니면 절대 믿어서는 안 된다.

물론 정직하고 성실하게 일하는 재건축조합, 조합임원, 건설회사도 많다. 다만 일반 조합원이 이들보다 약자이므로 휘둘리고 피해를 보는 사례가 많기에 조합원이 반드시 주의해야 할 사항을 강조하는 것이다.

공사대금 정산소송이란?

≡

요즘은 기술이 좋아져서 신축 아파트에서 비가 새는 등 눈에 띄는 부실이 발견되는 경우는 적다. 그 대신 방화문과 같이 쉽게 파악되지 않거나 눈에 보이지 않는 부분이 잘못 시공되는 경우가 있다.

이에 대해서는 조합 측이 시공사를 상대로 공사대금 정산소송을 할 수 있다. 계약서와 설계도대로 시공이 되지 않았음을 이유로 소송을 제기하면 평균 총 공사비의 2% 정도를 시공사로부터 받아낼 수 있다. 총 공사비가 약 2천억 원이라고 가정하면 대략 40억 원 정도다. 만만치 않은 돈이다. 꼭 받아내자.

왜 재개발 재건축에
분쟁이 많을까

　재개발 재건축에는 정말 분쟁이 많다. 그 분쟁의 가장 큰 이유는 뭘까? 재개발 재건축 사업의 진행방식이 구역 내 주민들의 모든 재산을 다 쓸어 담아 용광로에 넣고 푹푹 끓인 후 국자로 퍼서 '이게 네 몫이다' 하고 나눠주는 것과 다를 바 없기 때문이다. 그걸 받아들고 '이게 과연 내 재산의 가치가 제대로 반영된 정당한 몫인가?'라고 생각하며 고개를 갸우뚱하는 사람이 많다. 자신의 재산과 관련된 일인데도 조합임원으로 활동하지 않는 한, 자세한 진행 상황이나 내막을 알지 못하다가 마지막에 억울함을 호소하는 경우도 많다.

재개발 재건축은 철판볶음밥이다

≣

철판볶음밥을 하려면 밥, 양념, 각종 해물, 기타 여러 재료가 필요하다. 여러 사람이 모여 밥, 양념, 각종 해물, 기타 재료를 분담하여 조달했는데, 조합장이라는 사람이 나타나서 휘휘 젓고 한껏 재주를 부리며 볶음밥을 만들었다. 그중 얼마만큼이 내 몫일까? 여기서 각자에게 나눠줄 몫을 정하는 사람은 조합집행부와 감정평가사다. 그리고 시공사도 상당한 영향력을 행사한다. 형식상으로 각자에게 나눠줄 몫을 정하는 것은 조합 총회이지만, 총회에서는 원활하고 현실적인 토론이 불가능하다. 이미 정해진 대로 통과시키느냐 마느냐의 선택만 있을 뿐이다. 그리고 이미 정해진 안이 대부분 통과된다. 그래서 처음에 집행부를 제대로 뽑는 것이 매우 중요하다.

집값이 얼마인지도 모르고 분양신청을 했었다

≣

앞서 분양신청을 할 때 집값을 모르고 신청한다는 게 구법의 문제였는데, 2018년 개정법에서는 이 문제가 해소되었다고 언급했다. 일단 집을 사기로 결정한 후에 그 집값이 얼마인지는 나중에 알려주는 이 해괴한 거래가 수십 년간 지속되었다가 이제야 사라졌다.

그래서 구법을 따를 때에는 일단 분양신청을 하고, 나중에 자신의 집값을 알게 되어 '아차!' 싶어서 철회하려고 해도 이미 철회 마감 시한이 지나버린 후라서 철회도 못하는 황당한 일들이 발생했었다. 왜 이런 말도 안 되는 제도가 계속 유지되어 왔던 것일까? 바로 부동산 가격이 계속 상승했기 때문이다. 재개발 재건축을 하면 가격이 상승했고 그러다 보니 대부분의 사람들이 돈을 벌었다. 분양미신청자도 거의 없었다. 일단 분양신청을 해두면 손해는 별로 안 봤다. 하지만 부동산 가격 하락기에는 분양신청을 안 하는 사람이 구역 내 주민의 3분의 1, 심하게는 절반에 가까운 경우도 있었다. 부동산 가격이 급등세로 돌아서면 다시 분양신청률이 높아지기도 한다.

외부세력의 입김이 매우 세다

≡

재개발 재건축은 개인들의 재산을 공동 담보로 빚을 내서 하는 사업이라고 할 수 있다. 공동 담보이기는 하지만 출자는 조합원 개인이 아닌 다른 데서 해야 한다. 이때 사업 시행을 위해 돈을 빌리는 곳이 바로 시공사다. 당연히 시행 과정에서 시공사의 입김이 작용한다. 시공사는 자신들과 잘 맞는 집행부를 고르고 집행부에 영향력을 행사한다. 시공사만 있는 것도 아니다. 시공사가 선정되기 전까지 조합은 컨설팅업체, 즉 정비사업 전문 관리업자로부터 돈을 빌려서 사업을 진행한다. 컨설팅업체도 조합에 영향력을 행사한다. 조합집 행부(이하 집행부)는 때로 시공사와 대립하고 컨설팅업체와 연합하기도 한다. 반면에 다른 용역업체들은 철저히 을의 처지에서 조합의 눈치를 봐야 한다. 감정평가사, 법무사, 변호사가 여기에 속한다.

정치와 똑같다

三

구역 주민 전체의 부동산을 가지고 하는 사업에 대하여 소수가 출현하여 정책을 수립하고 집행한다. 이들이 외부의 힘 있는 세력의 협조(또는 결탁)를 얻어 사업을 이끌어 나간다. 주도권을 잡지 못한 세력은 권력을 잡기 위하여 현 집행부를 비난하고 견제한다. 또한 시공권 경쟁에서 탈락한 회사나 용역계약을 노리는 외부세력이 집행부 흔들기를 시도하기도 한다.

또한 비판을 위한 비판으로 사업진행을 방해하거나 개인의 영달을 위하여 집행부를 공격하는 사람도 있다. 이들은 대외적으로 자신들은 조합의 민주적인 운영을 원하기 때문이라고 말한다. 그런데 정말 부패한 집행부도 있다. 현 집행부는 언제나 자신들은 떳떳한데 반대자들이 부당한 비판을 일삼는다고 말하고, 비판자들은 집행부가 썩었다고 말한다. 객관적으로 판단하기가 쉽지 않다. 모두가 자신의 입장과 이익만을 생각하기 때문이다.

행정관청은 조합 편인 경우가 많다

조합의 사업에 대하여 인허가를 해주는 행정관청은 조합 편인 경우가 많다. 원래는 행정관청이 해야 할 공익사업을 조합이 알아서 대신하고 국·공유지도 유상으로 매입해주고, 사업이 완성되면 상당한 취득세 세원까지 제공하니까 말이다. 게다가 도로, 학교, 주민센터, 공원 등과 같은 정비기반시설을 조합이 대신 건설해서 기부채납까지 해준다. 기부채납은 재개발 재건축 사업을 진행하면서 그 주변 지역에 도로, 공원 등을 만들어 국가나 지방자치단체에 기부하는 것을 말한다. 국가나 지방자치단체는 기반시설비용을 직접 부담하지 않고 조합으로부터 기부채납을 받을 수 있으므로 사업이 진행되면 그 자체가 이익이 된다.

재개발 재건축 지역 투자,
꼭 해야 하는 질문

A씨는 투자를 위해 은행 대출을 받아 안양시에 100억 원짜리 건물을 샀다. 대출을 끼고 투자를 하는 경우 은행에서 투자 자문을 하면서 중개를 하기도 한다. A씨는 은행 자문도 받고, 재개발 가능성에 관하여 시청 및 구청 담당자와 면담하고 공인중개사, 회계사, 세무사의 자문도 받았다. 다음은 A씨가 궁금해했던 사항이다.

① 이 지역에 재개발이 진행될 가능성이 있는가.
② 만약 진행된다면 이 건물도 철거 대상이 될 것인가.
③ 혹시 철거된다면 보상금은 얼마나 될 것인가.

재개발구역 내에 있는 부동산 취득 시 주의점

≡

원래 하나의 주택단지로 묶여 있는 지역이라도 건물이 대로변에 있고 건물 상태가 양호하여, 건물 뒤쪽의 주택단지만 재개발을 해도 신축 아파트와 잘 조화된다면 그 건물을 제외하고 정비 구역으로 지정하기도 한다. 이와 같이 해당 건물을 애초에 정비구역에서 빼는 것을 '제척'이라고 한다. 앞의 질문 ①은 결국 해당 건물이 정비구역에서 제척될 것인가 아닌가의 여부다. 한편, 해당 건물까지 하나의 정비구역으로 지정했더라도, 그 건물이 정비구역의 가장자리에 있고 지은 지 얼마 안 됐다면 그 건물은 철거하지 않고 존치하도록 결정이 나기도 한다. 이게 바로 질문 ②에 해당한다. 복잡하게 설명했지만, 정비구역에서 제척되거나 존치결정이 나오면 해당 건물이 철거되지 않고 살아남는다는 점에서 결과는 같다. 또한 A씨는 만약 자기가 투자한 건물이 철거대상이 된다면 보상금을 어느 정도 받을 수 있는지도 검토했는데, 100억 원을 주고 샀다가 보상금이 80억 원이면 20억 원의 손해를 볼 위험이 있기 때문이다. 위 사안에서 은행 자문단과 중개사, 회계사, 세무사는 재개발이 되더라도 건물은 시가로 보상해준다고 자문해주었고, 그 자문을 믿은 A씨는 '건물이 철거되더라도 손해는 안 보겠군!'이라고 생각하고 그 건물을 샀다. 여기서 문제는 재개발은 시가보상을 해주지 않는다는 점이다. 앞에서도 말했듯이 시가보상은 재건축인 경우에만 해준다. 재개발과 재건축을 명확하게 구분하지 못한 전문가 집단이 잘못을 저지른 것이다. 그래서 위와 같은 자문을 받을 때에는 반드시 서면으로 받아야 한다. 서면으로 자문을 하게 되면 전문가들도 더 긴장하고 비슷한 사례를 찾아본 후에 자문을 하기 때문이다. 안타깝게도 이 사안에서는 그렇지 못했다. A씨는 우리에게 자기가 산 건물을 정비구역에서 빼거나 철거 대상 건물에서 제외되도록 해달라고 부탁했다. 즉, 제척이나 존치 결정을 받을 수 있도록 해달라는 요구였다. 그러나 이미 우리로서도 특별한 방법이 없었다.

부동산이 급등하는 시기에는 분양권 취득과 관련한 문제가 빈번하게 발생한다. 특히 여러 부동산을 소유하고 있는 사람으로부터 분양권 취득을 목적으로 부동산을 취득하는 경우 분양권을 가질 수 있는지에 관하여 법에서 구체적으로 정하고 있지 않아 논란의 소지가 많다.

재개발구역 내에 있는 경매물건 취득 시 주의점

三

재개발 재건축 지역 내에 있는 경매물건을 낙찰받을 때는 경매대상 물건의 소유자인 채무자에게 "정비구역 내에 이 부동산 외에 다른 부동산을 소유하고 있나요?"라고 반드시 물어봐야 한다. 이를 채무자에게 직접 물어보기 어려우면 부동산중개사무소나 조합사무실에 가서 확인해야 한다. 물건의 소유자(경매에서의 채무자)가 그 경매대상 물건 이외에도 해당 정비구역 내에 다른 부동산을 소유하고 있다면 여러 개의 부동산 중 어느 하나를 취득한 자는 독자적 조합원 자격이 없고, 물건의 종전 소유자와 공동으로 조합원 자격을 얻게 되기 때문이다. 둘 중 한 명만 대표조합원이 되어 조합원 권리를 행사할 수 있고, 나중에 분양권도 하나만 받을 수 있다. 이는 공유지분을 매수하는 것이나 마찬가지라고 할 수 있다. 즉, 경매 채무자가 가진 다른 부동산과 당신이 지금 막 취득한 부동산을 전체로 합하여 놓고 볼 때 그 재산 비율만큼 공유지분을 취득한 셈이 된다. 도시정비법 제39조 제1항 제3호(구 도시정비법 제19조 제1항 제3호)는 다음과 같이 되어 있다.

도시정비법

제39조(조합원의 자격 등) ① 제25조에 따른 정비사업의 조합원(사업시행자가 신탁업자인 경우에는 위탁자를 말한다. 이하 이 조에서 같다)은 토지등소유자(재건축사업의 경우에는 재건축사업에 동의한 자만 해당한다)로 하되, 다음 각 호의 어느 하나에 해당하는 때에는 그 여러 명을

대표하는 1명을 조합원으로 본다.

3. 조합설립인가(조합설립인가 전에 제27조제1항제3호에 따라 신탁업자를 사업시행자로 지정한 경우에는 사업시행자의 지정을 말한다. 이하 이 조에서 같다) 후 1명의 토지등소유자로부터 토지 또는 건축물의 소유권이나 지상권을 양수하여 여러 명이 소유하게 된 때

구 도시정비법

제19조(조합원의 자격 등) ①정비사업(시장·군수 또는 주택공사 등이 시행하는 정비사업을 제외한다)의 조합원은 토지등소유자(주택재건축사업과 가로주택정비사업의 경우에는 주택재건축사업과 가로주택정비사업에 각각 동의한 자만 해당한다)로 하되, 다음 각 호의 어느 하나에 해당하는 때에는 그 수인을 대표하는 1인을 조합원으로 본다.

3. 조합설립인가 후 1인의 토지등소유자로부터 토지 또는 건축물의 소유권이나 지상권을 양수하여 수인이 소유하게 된 때

위와 같은 조항이 갑자기 시행되자, 많은 피해자가 나왔고 그에 따라 다음과 같은 부칙을 만들어 소급해서 구제해주게 되었다.

구 도시정비법

도시 및 주거환경정비법 부칙 〈법률 제9444호, 2009. 2. 6.〉 제10조(조합원 자격에 관한 경과조치) 제16조에 따라 조합설립인가를 받은 정비구역에서 다음 각 호의 어느 하나에 해당하는 경우에는 제19조 제1항 제3호의 개정규정에도 불구하고 조합원자격의 적용에 있어서는 종전의 규정(2009. 2. 6, 법률 제9444호로 개정되기 전의 법률을 말한다)에 따른다.

1. 다음 각 목의 합이 2 이상을 가진 토지등소유자로부터 2011년 1월 1일 전에 토지 또는 건축물을 양수한 경우

가. 토지의 소유권

나. 건축물의 소유권

다. 토지의 지상권

2. 2011년 1월 1일 전에 다음 각 목의 합이 2 이상을 가진 토지등소유자가 2012년 12월 31일까지 다음 각 목의 합이 2(조합설립인가 전에 「임대주택법」 제6조에 따라 임대사업자로 등록한 토지등소유자의 경우에는 3을 말하며, 이 경우 임대주택에 한정한다) 이하를 양도하는 경우

가. 토지의 소유권

나. 건축물의 소유권

다. 토지의 지상권

하지만 최근에 매수하는 사람에게는 이 부칙규정도 적용되지 않는다. 재개발 재건축 구역에서 경매로 낙찰을 받으면 당연히 조합원 자격을 취득하고 분양권을 인정받아야 낙찰받은 의미가 있을 것이다. 과거의 경험이나 타인의 경험담을 믿고 무턱대고 경매에 참여하지 말고, 사전에 권리분석을 치밀하게 해두어야 한다.

개발구역 내 분양권 투자,
조심할 것은

　재개발 재건축 구역에서 경매입찰을 하는 경우는 보통 신축 아파트를 분양받으려는 목적인 경우가 많다. 이때에는 과연 그 물건이 신축 아파트 분양자격이 있는지를 면밀히 따져보아야 한다. 재개발 재건축 구역 내의 물건이라고 해서 모두 다 아파트 분양권이 있는 것은 아니다.

　분양권이 있는지 여부는 해당 지역의 도시정비조례와 조합의 정관에 규정되어 있다. 그러므로 경매입찰을 할 경우에는 시청(구청) 주택과나 도시정비과를 방문하여 조합의 사업진행정도를 물어보아야 하고, 조합사무실에도 방문하여 조합장, 총무, 사무장 등에게 해당 물건을 적시하면서 그 물건이 분양권이 있는 물건인지 따져보아야 한다. 정비사업 전문 변호사에게 사전에 자문을 구하는 것도 좋은 방법이다. 이때 변호사는 책임 있는 답변을 해야 하므로 심도 있는 검토를 위해 자문수수료를 요구할 수도 있다.

분양권이 없는 경우에는 낮은 가격으로 청산된다

분양권이 없다고 밝혀지면 청산대상이 되는데 이때는 통상적으로 시세에 훨씬 못 미치는 값을 받게 된다. 그래도 재건축은 명색이 시가보상이므로 시세에 거의 근접하는 가격을 받지만, 재개발구역의 경우에는 개발이익이 배제되는 보상을 받게 되므로, 시세의 3분의 2, 심한 경우는 절반만 받는 경우도 있다. 그러므로 청산대상인지 분양대상인지를 먼저 치밀하게 분석해보고 투자해야 한다. 분양권이 있더라도 사업성이 없다고 생각되는 경우에는 분양신청을 하지 않음으로써 청산을 선택할 수도 있다. 청산당하더라도 수익이 남을 만한 가격으로 입찰하면 된다.

매도청구소송이 있었거나 진행 중인 물건

三

매도청구소송이 진행 중인 물건은 보통 처분금지가처분이 되어 있어서 취득하더라도 나중에 조합이 매도청구소송에서 승소 후 소유권이전을 요구해오면 넘겨주어야 한다. 매도청구소송을 통해 일단 조합으로 소유권이 넘어간 이후에 그것이 다시 경매물건으로 나오는 경우도 있다. 두 가지 경우 모두 입찰할 것인지 여부는 매우 민감한 문제이므로 반드시 전문 변호사와 상의해야 한다.

준공된 물건을 취득하는 경우

三

준공되기 직전에 조합원분양권을 인수한 경우에는 그대로 조합원 명의변경이 되지만, 준공 이후에 매수하면 조합원명의변경이 안 되고 매도인 명의로 보존등기가 난 이후에 비로소 이전등기를 할 수 있다. 이때 매도인 명의의 보존등기가 이루어지려면 '이전 고시'라고 하는 정비사업의 마무리 절차를 거쳐야 하는데, 조합 내부의 분쟁 등으로 이전고시가 1년이고 2년이고 지연되어 재산권 행사를 못하는 경우가 생긴다. 이런 경우를 대비하여 매매계약서 특약란에 단서를 달아두어야 한다. 이전고시 및 보존등기 후 매수인 명의로 이전등기가 이루어질 때 마지막 잔금을 치르도록 해야 취득세를 그때 가서 물게 되고, 재산세도 물지 않게 된다. 조합 내부의 분쟁으로 소유권이전이 일정기간 이루어지지 않는 경우에는 계약을 해제할 수 있는 권리를 보류해두는 방법을 생각해볼 수 있다. 매매계약 이후 관리처분계획변경총회가 이루어져 추가부담금이 발생하는 경우, 이는 매도인 부담으로 한다는 조항도 두는 것이 좋다.

매매계약을 할 경우

三

위에서 설명한 내용은 경매뿐만 아니라 매매의 경우에도 그대로 적용된다. 도시정비법 제122조 제1항과 제2항(구 도시정비법 제79조 제3항)에서는 '매도인과 중개사는 정비사업의 추진단계, 조합원의 자격, 분양받을 권리산정의 기준일 등을 설명할 의무가 있다'고 규정하고 있다.

> **도시정비법**
>
> **제122조(토지등소유자의 설명의무)** ① 토지등소유자는 자신이 소유하는 정비구역 내 토지 또는 건축물에 대하여 매매·전세·임대차

또는 지상권 설정 등 부동산 거래를 위한 계약을 체결하는 경우 다음 각 호의 사항을 거래 상대방에게 설명·고지하고, 거래 계약서에 기재 후 서명·날인하여야 한다.

1. 해당 정비사업의 추진단계

2. 퇴거예정시기(건축물의 경우 철거예정시기를 포함한다)

3. 제19조에 따른 행위제한

4. 제39조에 따른 조합원의 자격

5. 제70조제5항에 따른 계약기간

6. 제77조에 따른 주택 등 건축물을 분양받을 권리의 산정 기준일

7. 그 밖에 거래 상대방의 권리·의무에 중대한 영향을 미치는 사항으로서 대통령령으로 정하는 사항

② 제1항 각 호의 사항은 「공인중개사법」 제25조제1항제2호의 "법령의 규정에 의한 거래 또는 이용제한사항"으로 본다.

매매와 투자를 할 경우에는 해당 물건의 시세와 권리분석을 해야 하는데, 재개발 재건축의 권리분석은 조합원 자격과 분양권이 있는지를 추가로 분석해야 한다. 그런 연후에 매수가격을 결정해야 낭패를 보지 않는다. 이러한 분석을 위해서는 조합사무실, 시청이나 구청 주택과 전문 변호사 사무실을 반드시 방문해봐야 한다.

재개발 재건축,
어떻게 시작되나

　재개발 재건축을 할 때는 먼저 특별시장, 광역시장, 도지사가 일정한 지역을 정비구역으로 지정해야 한다. 정비구역 지정은 쉽게 말하면, 지도를 펴놓고 재개발 재건축할 지역에 선을 긋는 것이다. 주민들이 우리 동네를 재개발하겠으니 정비구역 지정을 해달라고 민원을 제기할 수는 있지만, 그것은 말 그대로 민원일 뿐이다. 시장, 군수, 구청장이 정비계획을 수립하고 이에 대하여 주민설명회, 공람, 지방의회 의견 수렴 등의 절차를 거치기는 하지만(도시정비법 제15조(구 도시정비법 제4조)), 기본적으로 주민의 요청과는 상관없이 낡은 건축물이 밀집되어 있는 곳 등 일정한 요건을 충족하는 지역을 정비구역으로 지정한다. 물론 주민들의 민원이 쇄도하고 실제로 그 지역에 낙후된 건물이 많다면 정비구역으로 지정될 수도 있다.

대형 건설사의 물밑작업

정비구역 지정 단계에서는 건설사들 사이에 자기 세력을 확보하려는 작업이 물밑에서부터 시작된다. 건설사에서는 투자가치가 있는 낡은 아파트 지역을 개발하기 위해 주민 중에서 목소리 크고 영향력 있는 사람을 물색한다. 대개 퇴직한 공무원, 부동산 중개업자, 미용사 등이다. 이들은 대체로 그 지역과 주민들을 잘 알고 인맥이 넓으며 신뢰도가 높은 사람들이다. 이들 중에는 '내가 조합장을 해서 건설회사 하나를 잘 밀어주면 나한테 따로 크게 챙겨주겠지? 그래, 조합장 한번 해보자.' 이렇게 사심을 가진 사람이 반드시 있다.

실제로 개발사업 과정에는 많은 이권이 있고, 하나의 지역에 여러 개의 건설사가 작업을 하기도 한다. A건설은 퇴직 공무원 갑에게, B건설은 부동산 중개업자 을에게, C건설은 동네 미용사 병에게 접촉하는 식이다. 정비구역이 지정되고 주민들이 자체적으로 조합을 결성하여 임원을 선출하게 되면, 목소리 크고 영향력 있는 사람이 임원이 될 가능성이 높아진다. 그렇게 임원이 된 사람은 자신과 어떤 식으로든 관련되는 업체를 시공사로 선정하기 위해 여론을 모은다. 그리고 갑이 조합장이 되면 A건설이, 을이 조합장이 되면 B건설이 시공사가 될 가능성이 높아진다. 정비구역 지정 전부터 건설사의 물밑작업이 시작되는 이유다.

추진위원회의 승인 조건

≡

정비구역으로 지정되면 주민들이 자치적으로 추진위원회를 구성한다. 추진위원회는 조합설립을 위한 주민 모임이다. 토지등소유자 과반수로부터 받은 추진위원회 승인신청서를 구청에 접수하면 구청은 서류를 확인하고 추진위원회 승인을 해준다(도시정비법 제31조 (구 도시정비법 제13조)).

동의서 모으기 경쟁

≡

추진위원회 승인은 토지등소유자 과반수 이상의 동의가 필수조건이다. 마을에 100명이 있다면 51명 이상의 동의를 받아서 구청에 접수해야 승인받을 수 있다는 말이다. 먼저 숫자를 채워 접수하는 쪽이 추진위원회 승인을 받게 된다. 추진위원회 승인을 받지 못하면 추진위원회 업무를 할 수 없다. 승인을 받지 않고 업무를 하면 벌칙규정(도시정비법 제137조 제3호(구 도시정비법 제85조 제3호))에 따라야 한다. 그래서 일단 추진위원회 승인을 받으면, 그 추진위원회가 그대로 조합의 집행부로 이어지는 경우가 대부분이다. 당연히 먼저 과반수 동의를 얻기 위한 경쟁이 매우 치열하다. 과거에는 동의서를 받으러 다니는 과정에서 파벌끼리 이합집산이 일어나기도 했다. 자기들이 추진위원회가 되기 힘들 것 같다고 판단한 A파가 그동안 자신들이 모은 동의서를 B파에게 돈을 받고 판다. 대신 B파에서 위원장을 하고 A파에서 부위원장을 하자는 식으로 협상하기도 한다. A파를 지지했던 주민들의 의사는 따로 묻지도 않고 말이다.

연번동의서의 등장

주민들의 의사가 왜곡되는 문제가 심각해지자 행정기관에서는 연번동의서를 사용하게 되었다. 추진위원회 집행부가 되고자 하는 사람들이 행정기관에 찾아가서 "추진위원회 설립하려고 하는데 동의서 용지 좀 주세요"라고 하면, 분류 번호가 인쇄된 동의서 양식을 제공한다. 예를 들어, 주민이 100명인 정비구역의 경우 A파에게는 A001부터 A100까지, B파에게는 B001부터 B100까지, C파에게는

C001부터 C100까지 대표자에 따라 구분될 수 있도록 미리 번호를 인쇄한 동의서 용지를 준다. 파벌에 따라 연번을 따로 부여하기 때문에 동의서를 사고파는 일을 방지할 수 있다.

연번동의서는 주민들의 의사를 확인하고 투명성을 제고하기 위한 것이나, 그 법적 효력까지 보장되는 것은 아니다. 이런 문제로 연번동의서가 없는 경우 그 동의서가 유효한지에 대하여 종종 문제가 생기기도 한다.

추진위원회의 조합설립

≡

추진위원회가 승인되기 전에 각종 '가칭' 추진위원회가 난립하기도 하나, 일단 추진위원회가 설립되고 난 뒤에는 본격적인 조합설립 절차에 들어간다. 조합을 설립하려면 추진위원회 단계보다는 좀 더 엄격한 동의율을 요구하고 있어 동의서 확보를 위한 치열한 전쟁이 시작된다.

주택법과 도시개발법상의 개발사업

1. 기성 시가지의 개발사업은 도시정비법에 의한다

기성 시가지의 개발사업은 도시정비법에 근거한다. 도시정비법상의 개발사업은 이미 오래 전에 건설되어 건물이 많이 들어선 지역에서 하는 사업이다. 이미 나름대로 탄탄한 시가지를 만들고 거기에 정착해 사는 사람들이 많은데 이를 부수고 다시 집을 짓는 것이니만큼 말도 많고 탈도 많아서 법 규정도 촘촘하고 판례도 많다. 도시정비법상의 개발사업은 개발주체가 땅을 매입할 필요가 없다. 이미 거기에 살고 있으며 토지소유권을 가진 자들이 스스로 개발의 주체가 되어 조합체를 만들고 사업을 시행하기 때문이다.

2. 도시개발법상의 개발

도시개발법상의 개발은 나대지, 그러니까 맨땅에 건물을 짓는 것이다. 예전에 맨땅이 많았던 김포시나 서울 마곡지구에 새로이 주택을 지은 것을 생각하면 된다. 도시개발법에서도 토지소유자들이 모여서 조합을 만드는데 특정세력이 주도하는 경우가 많다. 도시개발조합은 도시정비법에 의한 재개발 재건축 조합보다 수가 적고 법규정도 미비해서 토지소유자들의 피해가 크다.

3. 주택법상의 개발

주택법상의 개발은 사업주체가 땅을 매입하여 주택을 짓는 것이다. 여기에는 세 가지 방법이 있다.

첫 번째는 시행사가 사업할 땅을 매입해서 하는 방법이다. 이 경우에는 2~3명이 주체가 되어 회사를 만든 후, 아르바이트생을 풀어서 주민들을 만나 "어머님! 땅 팔고 이제 좋은 곳으로 이사 가서 노후생활 하셔야죠" 하면서 개발 여론을 조성한다. 투자 목적이므로 제2금융권에서 돈을 끌어오는 경우도 많다. 잘하면 대박이 난다. 그러나 손해가 날 것 같으면 중간에 소리 없이 사라지기도 한다.

두 번째는 리모델링조합이다. 이는 오래된 아파트를 골격만 남겨두고 리모델링하는 것이다. 과거의 아파트들은 지하주차장이 없어서 토지활용도가 낮았다. 그래서 골조를 그대로 남겨두고 지하주차장도 못 만드는 리모델링 사업은 수익성이 높지 않다. 추가로 건립되는 세대가 매우 적기 때문이다. 그럼에도 불구하고 리모델링 사업을 하려는 이유는 재건축 가능연한인 30년에는 아직 도달하지 못했

기 때문이다. 최근에는 수익성이 너무 없어서 그냥 재건축 연한을
채우기 위해서 기다리는 경우가 대부분이다.

세 번째는 지역주택조합사업으로, 인근 지역의 무주택자나 85m²
이하의 주택을 소유한 사람들이 돈을 모아 사업대상구역의 땅을 매
입하여 주택조합을 만들고 인가를 받아서 개발사업을 하는 것이다.
땅이 아직 확보되지도 않은 상태에서 계약금을 납부하고 조합원을
모집하는데, 모은 돈으로 땅은 안 사고 다른 곳에 써버리는 경우도
많다. 지역주택조합의 장점은 무주택자나 85m² 이하의 주택을 소
유한 자가 청약저축에 가입할 필요 없이 내 집 마련을 할 수 있다는
점인데 부작용이 너무 심하다. 조합의 존재 의미가 무엇인지 의심스
러울 정도로 문제가 많다.

4. 외부투자자가 조합원인 지역주택조합

지역주택조합사업에서는 보통 사업대상지역의 바깥에 살고 있
는 무주택자와 85m² 이하의 주택소유자들이 조합원이 된다. 이들
을 업무대행사가 주체가 되어 끌어모은다. 업무대행사가 "A지역에
800세대 30층짜리 아파트를 지을 건데, 조합원이 되시겠어요?"라
고 하면서 조합원의 자격요건을 제시하면, 그에 해당되는 투자자들
수백 명이 지역주택조합 가입신청서를 내고 계약금 4천~5천만 원
을 낸다. 업무대행사는 적당한 사람(대개 대행사의 하수인이다)을 조합

설립추진위원회 위원장으로 앉혀 놓고, 투자자로부터 계약금과 중도금 등을 받아서 그 돈으로 A지역의 토지를 매입한다. 그리고 A지역 토지의 80%를 매입하면 주택법에 따라 조합을 설립하고, 아직 매입하지 못한 토지의 소유자들에게 매도청구를 한다. 이렇게 토지를 매입한 후 개발사업을 진행한다.

5. 주택법상 매도청구 및 피고의 대박 협상 사례

주택법상 시행사가 개발하는 경우에는, 사업할 지역의 땅 중에서 80% 이상을 확보해야 한다. 이걸 지주작업이라고 한다. 80% 이상을 확보하면 시청이나 구청의 인가를 받아 나머지 토지 소유자에 대하여 매도청구를 할 수 있다. "나한테 시가로 돈 받고 팔아!"라고 청구하는 것이다. 다만 10년 이상 장기 소유자에게 매도청구를 하려면 95% 이상의 토지를 확보해야 한다. 주택법상 사업부지에서 매도청구를 받은 피고(토지소유자)는 재판절차 내에서 진행되는 감정평가에 따라 그 금액대로 보상받고 나가는 게 원칙이다. 그러나 시행사가 금융기관으로부터 PF(Project Financing: 특수 부동산에 대한 사업성만을 가지고 별도의 보증 없이 거액을 대출하는 것)자금을 받아야 할 정도로 완전히 궁지에 몰린 상태가 되면 생각보다 많은 보상을 받고 나갈 수도 있다.

우리는 주택법상 개발사업에서 진행되는 매도청구 피고사건을 몇 건 수임한 적이 있는데, 모두 소송절차가 길어지면서 대출임박 시점에 몰린 시행사가 피고에게 기대 이상의 보상을 해주었다. 시행사 입장에서는 토지소유자의 변호인이었던 우리가 정말 미웠을 것이다. 그 후 그 시행사는 다른 사업구역의 업무에 대하여 우리에게 법률자문을 의뢰했다. 사업계획 승인에 대한 행정소송 제기와 매매계약 해제 등을 잘 활용하면 가능한 일이다. 반면 사업시행자는 궁지에 몰려 수십억 원을 추가로 지출할 수도 있으니 주의해야 한다.

6. 도시정비법의 논리가 유추 적용되어야 한다

주택법과 도시개발법의 경우에는 사건이 많지 않다 보니, 소유자 보호를 위한 법률규정이 엉성하고 판례도 별로 없다. 그런데 사업이 진행되는 모습은 도시정비법과 유사하다. 그래서 주택법과 도시개발법상의 개발에도 도시정비법의 규정들과 관련 판례들의 법리를 유추 적용할 필요가 있다.

일례로 도시정비법은 조합설립추진위원회 결성 단계부터 행정관청이 관리 감독을 하도록 근거 규정이 마련되어 있으나, 주택법에서는 추진위원회를 정식 단체로 인정하지 않고 있다. 이에 따라 사업의 불안정성을 통제할 방법이 없다. 도시정비법에서 토지와 건물의 소유자가 조합원이 되는 것과 달리, 주택법에서는 시행사가 외부 투자자를 모집하고 그 돈으로 해당지역의 토지를 매수하여 사업을 진행한다. 수백억 원이 움직인다. 그 돈을 본래의 개발사업에만 사용하면 문제없지만, 시행사가 사업을 하고 있는 다른 지역에 전용하기도 한다. 명백한 배임행위지만, 형사고발을 해서 관련자가 처벌을 받더라도 관련자가 지불 능력이 없으면 투자자들은 투자금을 회수할 방법이 없다. 법적 근거가 없으니 행정관청이 사전에 통제할 수도 없어서 사업의 불안정성이 매우 크다. 자칫하다간 외부 투자자의 투자금만 날릴 위험이 있다. 궁극적으로는 주택법이 개정되어야 한다. 개정이 되기 전까지는 도시정비법의 규정과 판례들을 유추 적용하여 투자자를 보호할 필요가 있다.

주택법상의 사업진행은 도시정비법의 재건축사업과 매우 유사하므로 재건축 사건 전문 변호사와 상의하는 것이 좋다. 한편 도시개발법상 개발의 경우에는 조합설립단계부터 전문가와 상의하는 것이 좋다. 시기를 놓치면 다투기 어려워지는 문제가 있기 때문이다.

7. 주택법상 정보공개청구권

주택법은 2016년 1월 19일자로 전면 개정되었는데 그중에서도 가장 중요한 개정은 정보공개청구권이다. 주택조합의 발기인 또는 임원은 주택조합사업의 시행에 관한 서류들(조합규약, 공동사업주체의 선정 및 주택조합이 공동사업주체인 등록사업자와 체결한 협약서, 조합 총회 및 이사회 등의 의사록 등) 및 관련 자료가 작성되거나 변경된 후 15일 이내에 이를 조합원이 알 수 있도록 인터넷과 그 밖의 방법을 병행하여 공개하여야 한다(주택법 제12조 제1항). 또한 주택법 제12조 제2항은 조합 구성원 명부, 토지사용승낙서 등 토지확보관련 자료를 조합의 구성원이 열람·복사 요청을 한 경우 주택조합의 발기인 또는 임원은 15일 이내에 그 요청에 따라야 한다고 규정하고 있고, 위반 시에는 처벌을 받는다.

8. 지역주택조합의 장점

일반적인 아파트 분양에 비해 잘만 진행된다면 가격이 저렴할 수 있다. 또한 임대주택 건립 의무규정이 없으며 주택청약통장이 없어도 분양받을 수 있다는 점이 장점이다.

9. 지역주택조합의 단점

지역, 거주기간 등 주택조합 사업을 위한 가입요건 구비가 까다롭다. 조합원 간, 추진위원장과 추진위원회, 임원, 대의원 간 갈등이 항시 존재한다. 추가부담금은 분명히 증가한다고 봐야 한다. 그 금액이 얼마가 되느냐가 문제일 뿐이다. 사업은 어느 단계에서든지 중단될 수 있고, 그 경우 투자한 돈은 거의 돌려받지 못한다고 봐야 한다.

사업의 객체이면서 보조자인 업무대행사의 횡포가 심하고 이들이 조합장의 배후에서 지휘, 조정하기도 한다. 부정부패가 만연해질 수 있고 이를 견제할 세력도 없다.

주택법의 규정이 매우 불명확하고 세분화되지 못하여 법의 사각지대가 많다. 사업 진행자들이 중도에 그만두고 도망가도 책임질 사람이 없다(서울고등법원 2012나67445 판결, 대법원 2014. 6. 12. 선고 2013다75892에서는 추진위원회 단계인 가칭 지역주택조합의 단계에서 시공사에 대한 조합원부담금반환 책임을 부정한 바 있다).

무주택 세대주라는 조합원 지위를 계속해서 보유하여야 하고, 지역주택조합사업만으로는 큰 규모의 아파트 단지 건립은 어렵다.

10. 리모델링 사업의 증가

안전진단 등급 강화, 재산 초과이익 환수 등 재건축사업에 대한 규제가 심해지면서 이에 대한 대안으로 리모델링 사업이 증가하고 있다. 재건축보다 그 동의요건이 완화되어 있고, 공공재개발이 등장하다 보니 이미 한 차례 재건축을 통하여 아파트가 된 지역에서 소유자가 주도하는 리모델링 사업을 추진하는 것이다. 이처럼 리모델링 사업은 재건축보다 그 요건이 완화되어 있어 쉽게 추진할 수 있으나, 사업성에 한계가 있고 일반분양분이 재건축에 비하여 적기 때문에 기존 소유자들의 부담이 커질 수밖에 없다. 또한 새로 아파트를 짓는 것이 아니므로 설계에서부터 제한적이라는 한계가 있다.

주택법상 개발사업에서
토지주의 협상 성공 사례

　재판업무와 소송 그리고 분쟁을 경험하면서 느끼는 것이 있다. 순하고 착한 사람은 돈을 못 벌고, 끝까지 독하게 시공사와 대립하는 사람은 돈을 벌 확률이 높다는 것이다. 착한 사람은 초반에 쉽게 양보해버리는데, 독한 사람은 끝까지 가서 시공사를 괴롭히고 뭔가를 받아낸다. 시공사는 독한 그 사람이 얄미워서 짓밟아버리려고 하지만, 시공사도 사업상 코너에 몰리면 얄밉더라도 그 사람과 협상하지 않으면 안 된다. 여기서 끝까지 버티는 사람은 다른 사람들보다 더 많은 수익을 얻는다. 끝까지 버티는 사람이 욕심이 지나친 경우도 있지만 개발사업에서 삶의 터전을 빼앗기는 원주민이어서 억울한 사람들이 더 많다. 시가에 못 미치는 감정평가액으로 순순히 나간다는 자체가 애초부터 이치에 맞지 않는다.

제값 받겠다는 생각이 있다면 끝까지 버텨라

다른 나라 상황은 어떤지 잘 모르지만, 우리나라에서 거의 모든 개발사업은 기존 원주민들의 땅과 건물을 시가보다 훨씬 낮게 평가한 후 빼앗아 간다. 사업 초반에 적당한 값에 팔고 떠나는 사람이 있고, 끝까지 자기 권리를 주장하여 땅값을 제대로 받고 나가는 사람이 있으며, 때로는 기대 이상의 수익을 올리는 사람도 있다. 시공사 입장에서 보면 나쁜 사람이겠지만 이들은 자신의 권리를 제대로 찾은 사람들이다.

매도청구를 당하거나 계약을 해지하거나

주택법상 개발사업에는 지역조합, 직장조합, 리모델링조합 등이 있는데 이러한 조합방식이 아니라 시공사가 토지를 80% 이상 사들여 사업을 하는 경우가 있다. 80% 이상을 매수하면 매도청구를 할 수 있는데, 10년 이상 소유자를 상대로 매도청구를 하려면 95% 이상을 매수해야 한다. 관청에서 95%를 확보해야 사업시행인가를 내주기 때문이다. 시공사가 95% 토지를 매입하면 아직 매도하지 않은 사람들은 매도청구를 당하게 된다. 여기서 피고(토지를 매도하지 않은 사람)들은 매도청구소송에 대응하는 동시에 사업시행인가 취소소송을 넣어서 시공사를 압박한다. 이러는 사이 이미 계약을 맺고 토지사용승낙서를 넘겼던 사람들이 제때에 잔금이 지급되지 않았음을 이유로 시공사에 매매계약 해제를 통보하면서 압박하면, 계약이 해제되면서 계약은 소급하여 소멸하게 된다. 결국 95% 사용수익권 확보가 안 되었으므로 사업시행인가 조건도 미달하게 된다고 행정소송에서 주장할 것이다.

그러는 사이에 PF자금 대출시기가 도래한다

이렇게 실랑이를 하는 동안 시공사에게 금융권 자금을 대출받아야 할 시기가 된다. 금융권은 토지 전부 매수조건이 아니면 대출해주지 않는다. 자금 대출은 늦어지는데 매도자들에 대한 잔금지급시기가 다가오면 시공사는 추가 계약해제의 위험에 노출된다. 이 시기를 놓치면 사업은 완전히 망가질 수 있다. 이처럼 시공사가 사업인가를 받을 때 뭔가 약점이 있거나 자금대출 시기에 내몰리면 부득이하게 남아 있는 사람들에게 많은 돈을 주고서라도 매매계약을 체결하고 등기를 이전받으려고 한다. 이 때까지 잘 버티면 제값 받고 팔 수 있다. 물론 모든 사업구역에서 다 이렇게 되지는 않는다.

시가 이상의 보상으로 추가 수익을 얻다

우리는 2016년 두 건의 주택법 사업에서 토지주를 대리하여 매도청구소송과 행정소송 및 협상을 수행하였는데, 시가 이상의 보상을 받게 되었다. 법무법인 성공보수도 많이 받을 수 있었다. 매각가격 또는 법원 감정가격 대비 증가액은 40억 원이었다. 그런데 우리의 협상으로 그 두 배에 가까운 보상을 받았다.

매매계약서를 꼼꼼히 살펴보고 체결하라

시행사는 토지를 확보해야만 사업 진행이 가능하기 때문에 토지주들로부터 토지사용승낙서를 받고 토지를 사들이는 것이 관건이다. 그러나 당장 매매대금을 지급할만한 자금을 확보하지 못한 곳이 대부분이기 때문에 매매계약서 작성시점에서 매매대금을 언제 받을 수 있을지 사실상 불명확한 것이 현실이다. 그러므로 당장 지급 받을 수 있을지 알 수 없는 매매대금에 현혹되지 않고, 매매계약서상 내가 받게 될 불이익이 없는지 반드시 사전에 확인해야 한다. 당장의 시세 정도에 만족하고 덜컥 계약을 체결했다가, 돈도 제대로 못 받고 땅을 빼앗긴 뒤에는 후회해봐야 소용없다.

2장

조합과 이해당사자들의
손익계산법

조합의 권력은
어디까지인가

　정비구역으로 지정된 한 마을의 추진위원회가 소유자 4분의 3 이상의 동의를 얻어 시장·군수의 설립인가를 받으면 드디어 조합이 설립된다. 현재의 대법원 판결에 따르면, 설립인가를 받은 조합은 행정주체의 지위를 가지게 된다.[*] 즉, 국가나 지방자치단체처럼 행정권을 행사하는 공법인이 되는 것이다. 설립인가 후 조합이 하는 행위는 행정처분이 되고, 그 행위의 효력을 다투기 위해서는 행정소송을 제기하여야 한다. 조합은 재개발 재건축 사업을 하면서 도로, 공원 등 기반시설을 정비한다. 이는 본디 행정주체가 해야 할 역할

---

[*] 대법원 2009. 9. 24. 선고 2008다60568 [재건축결의부존재확인] 판결

이지만, 이러한 역할을 조합이 원활하게 수행할 수 있도록 행정주체의 지위를 부여하는 것이다. 행정주체는 '이건 원래 내가 해야 할 일이지만, 네가 어차피 주도적으로 해야 하니까 아예 네가 대신 해!'라고 하면서 자기와 같은 권한을 설정하여 주는 것이라고 생각하면된다. 조합에 공무원 감투를 씌워주는 일이라고 할 수 있다. 그래서 '권한을 설정한다'는 의미에서 <u>조합설립인가를 '설권적 처분'</u>이라고 한다. 인가를 받음으로써 조합이라는 거대 권력체가 탄생한다.

조합설립의 하자에 관하여는
행정소송으로 인가처분을 다투어야 한다

三

대법원은 재건축조합의 조합원이 조합설립결의에 하자가 있다는 이유로 조합설립결의부존재확인의 민사소송을 제기한 사안에서, 이런 경우에는 민사소송이 아니라 '행정소송'으로 조합설립인가처분의 효력을 다투어야 한다고 판단했다.[*]

과거에는 조합설립인가처분에 대하여 단순히 개인들의 조합설립 행위에 대하여 효력을 부여해주는 행위(어려운 말로 이를 '보충행위'라

---

[*] 위 2008다60568 판결

고 한다)에 불과하다고 보았다. 따라서 창립총회에 하자가 있는데도 설립인가가 나왔다면, 조합원은 민사소송으로 총회결의의 효력을 다투면 되었다. 총회의 결의를 다투고 싶으면 조합을 상대로 총회결의가 무효라는 민사소송을 제기하고, 시장이나 군수의 인가 자체에 흠이 있을 때에만 행정소송을 제기했다. 그러나 대법원은 위 판결에서 조합설립인가는 조합에게 행정주체로서의 지위를 부여하는 일종의 설권적 처분이라고 판단했다. 그리고 조합설립결의는 조합설립인가처분이라는 행정처분을 하는 데 필요한 요건 중 하나에 불과하다고 보았다.* 따라서 이제는 조합설립결의에 하자가 있는데도 설립인가를 받았다면 '총회결의에 흠이 있으니 조합설립인가처분은 취소되어야 한다(혹은 무효이다)'는 행정소송을 하여야 한다.

행정소송은 민사소송보다 이기기 어렵다

≡

도대체 민사소송과 행정소송이 어떻게 다르기에 설권적 처분이라는 어려운 말이 등장하는 것일까? 행정소송은 민사소송에 비해 원고가 매우 불리해진다. 크게 세 가지 점에서 문제가 있다.

---

* 위 2008다60568 판결

90일의 제소기간

행정소송을 하는 원고는 민사소송을 하는 원고와는 달리 '90일'의 제소기간이라는 불이익이 있다. 행정소송 중에서 행정처분의 취소를 구하는 소송은 처분이 있음을 안 날로부터 90일 이내에 제기하여야 한다. 90일이 경과해버리면 행정처분은 확정되고, 원고는 더 이상 취소사유가 있다고 주장할 수 없다. 그런데 90일은 순식간에 지나간다. 그래서 행정소송의 경우는 제소기간이 이미 지난 후에야 상담하러 오는 의뢰인들이 많다. 그러면 어쩔 수 없이 취소소송이 아닌 무효소송을 제기하기 위한 검토를 하게 된다. 무효소송은 행정처분이 있었던 날로부터 90일이 지난 후에도 가능하기 때문이다. 즉, 무효소송은 제소기간의 제한이 없다.

'중대'하고 '명백'한 하자가 있어야 무효

그런데 현재의 대법원 판례에 따르면 무효라는 판단을 받으려면 행정처분에 중대하고 명백한 하자가 있어야 한다.[*] 명백하다는 것은 '눈에 확 보이는' 하자여야 한다는 것이다. 그러나 우리나라 공무원들의 일처리가 그 정도로 엉망은 아니다. '중대한 하자'는 종종 있을 수 있지만, '중대하고 명백하기까지 한 하자'는 거의 없다. 결국 90일

---

[*] 대법원 1995. 7. 11. 선고 94누4615 [건설업영업정지처분무효확인] 판결

의 제소기간을 놓치면 사실상 행정처분의 효력을 부인할 방법이 없다. 그래서 제소기간을 늘려야 한다는 의견이 많고, 실제로 제소기간을 늘린 행정소송법 개정안도 나와 있지만 아직까지 바뀌지 않고 있다.

인가처분을 소송의 대상으로 하는 것의 문제

대법원은 조합설립결의가 조합설립인가처분을 하는 데 필요한 요건 중 하나에 불과하다고 본다. 그래서 창립총회 자체의 하자에 대해서는 크게 개의치 않는다. 조합설립인가는 조합에 행정주체의 지위를 부여하는 설권적 처분인데도, 공무원들은 형식적인 심사만 한다. 예를 들어, 도시정비법상 조합설립 동의서에는 동의자의 지장을 찍어야 하는데 75% 이상의 조합원이 지장을 찍은 동의서를 제출했는지 여부만 확인하면 그만이다. 공무원들에게 조합원의 지장이 진짜인지 아닌지 일일히 대조하고 확인할 의무는 없다. 서면상·법령상 요건 구비 여부만 확인하면 되는 것이다. 그래서 그 과정상의 흠은 문제 삼지 않는 경향이 있다. 결국 창립총회의 하자를 이유로 취소나 무효를 인정받기는 어렵다.

전통적 인가이론 및 최근의 변화

≡

다음 표를 보면 조합설립, 사업시행계획, 관리처분계획과 관련한 소송은 모두 행정소송이다. 민사소송에서 행정소송으로 바뀌면서 조합의 지위는 더욱 공고해졌고, 조합원은 조합의 처분에 이의 제기나 취소, 무효를 위한 행동을 취하기가 더욱 어려워졌다. 그 밖에 정비구역지정처분, 추진위원회승인처분, 이전고시, 청산금부과처분에

	조합설립인가		사업시행계획인가		관리처분계획인가	
	조합설립 동의 (결의)	인가	사업시행 계획수립 (총회)	인가	관리처분 계획수립 (총회)	인가
피고	조합	시장 군수	조합	시장 군수	조합	시장 군수
전통적 인가 이론	기본 행위	보충 행위	기본 행위	보충 행위	기본 행위	보충 행위
	민사소송 (총회결의 무효확인)	행정소송	민사소송 (총회결의 무효확인)	행정소송	민사소송 (총회결의 무효확인)	행정소송
최근 대법원 판례	인가의 요건, 인가에 흡수됨	설권적 처분	기본 행위	보충 행위	기본 행위	보충 행위
	인가 후 소송대상 X	행정소송 (항고소송)	행정소송 (인가 전: 당사자소송, 인가 후: 항고소송)	행정소송 (항고소송)	행정소송 (인가 전: 당사자소송, 인가 후: 항고소송)	행정소송 (항고소송)

관한 소송도 행정소송에 해당된다. 다만, 정비업체, 설계자, 시공사 선정과 관련한 총회결의에 관한 것은 여전히 민사소송이다.

조합은 인가고시 후 90일 이내에는
조합원을 자극하지 않는다

三

'조합설립인가, 사업시행계획인가, 관리처분계획인가, 기타 중요한 행위가 있은 후 90일 이내에는 최대한 조합원을 자극하지 않도록 주의한다.' 우리 법무법인이 조합 측 변호사가 되었을 때 조합에 자문하는 내용이다. 원래 도시정비법상 재개발 재건축 조합은 관리처분계획인가를 받으면 분양미신청자를 상대로 명도소송을 제기할 수 있다. 하지만 관리처분계획인가가 떨어지자마자 소유자들을 상대로 명도소송을 제기하는 변호사는 거의 없다. 만약 있다면 관련법을 모르는 경우다. 왜냐하면 명도소송 소장을 받은 소유자들은 화가 나서 변호사를 찾아 상담할 것이고, 관리처분계획인가 후 아직 90일이 경과하지 않았다면 관리처분계획의 흠을 주장하면서 취소소송을 제기할 것이기 때문이다. 그래서 90일이 지나기 전에는 조합원이 어떠한 민원을 제기하더라도 "걱정 마세요. 제가 이번에 구청장을 만났는데 별 문제 없답니다. 조금만 더 기다려주세요" 하는 식으

71

로 달래야 한다. 그러다가 90일이 지나 더 이상 취소소송을 제기하기가 어려워지는 상황이 되면, 그때부터 매도청구 등을 하게 된다.

반면에 조합원들은 일단 소송을 제기하는 것이 좋다

우리는 조합 측 변호를 한 적도 있지만 조합원이나 현금청산자 측 변호를 한 경우도 많다. 우선 조합원이나 현금청산자가 상담을 하러 온 경우에는 현재 사업이 어느 단계에 와 있는지를 반드시 물어본다. 그리고 만약 조합설립인가나 사업시행인가, 관리처분계획인가일로부터 아직 90일이 지나지 않았다면 흠잡을 요소를 찾아내서 취소소송을 제기하자고 제안한다. "일단 소송해서 기한이나 맞춰둡시다. 나중에 어떻게 될지 모르니까." 나중에 흠이 발견되었는데 이미 제소기간이 지나버렸다면 아무 소용이 없기 때문이다. 그리고 조합의 감언이설에 넘어가면 안 된다고 알려준다.

제소기간 내에는 조합이 조합원들을 자극하지 않기 위해 달래고 어른다는 것을 직접 해봐서 알기 때문이다. 하지만 이런 제안에 대부분의 의뢰인은 변호사가 불필요한 소송을 권유하여 착수금을 받으려 한다고 의심의 눈초리를 보내기도 한다. 그러다가 제소기간이 지나버리면 자기만 손해인데도 말이다.

사법부도 나름의 고충이 있다

≡

　법원이 볼 때 A조합 사건은 이러저러한 이유로 조합설립 자체가 무효가 되어야 하는 게 맞다. 그런데 A조합의 설립이 무효가 되면 그동안 설립을 기초로 하여 진행했던 A조합의 많은 사업이 뒤집히게 된다. 여기서 판사는 고민에 빠진다. 'A조합의 설립이 무효는 무효인 것 같은데, 이걸 무효로 하면 그 이후의 사업까지 다 무효가 된단 말이지……. 이걸 어떻게 하나. 그냥 A조합의 설립을 유효라고 판단해야 하나…….' 그러나 아무리 생각해도 A조합의 설립을 무효로 판단하는 것이 옳은 것 같다. 그러면 무효로 판결해버리면 될까? 그런데 이게 또 그렇게 간단하지 않다. 재개발 재건축 사업과 관련한 소송의 특색은 고등법원, 대법원 판결이 나오면 전국의 모든 조합에 적용된다는 점이다.

　전국에 대략 2천여 개가 넘는 재개발 재건축 조합 또는 정비구역이 있다고 한다. 서울만 3~400개라고도 한다. A조합의 설립이 무효라고 했을 때 이 논리를 B조합, C조합, D조합……. 전국 2천 개 조합에 적용하려면 문제가 커진다. A조합의 사업은 뒤집는다고 해도, B조합은 관리처분계획인가를 받은 후 이미 철거에 들어갔고, C조합은 한참 공사가 진행 중이고, D조합은 입주까지 마쳤는데, 이 모든 조합의 설립이 무효가 되어 그 사업들이 전부 공중분해되어버

2장 조합과 이해당사자들의 손익계산법

리기 때문이다. 법원은 고민할 수밖에 없다. 이런 문제 때문에 대법원은 설립에 관한 하자를 민사소송의 대상이 아니라 행정소송의 대상이라고 판단해버렸다. 그리고 총회의 결의가 아니라 인가의 흠만 다투라고 하고 있다. 그러면 90일의 제소기간 규정, 중대하고 명백한 하자만을 무효로 인정하는 판례와 맞물려서 어지간하면 조합설립이 유효하다는 결론이 나게 된다. 이 모든 것이 대법원의 고육지책이다. 판결의 파급력을 고려하면 이해 못할 바는 아니다.

거대 권력체 조합의 탄생 그 이후 문제들

조합이 탄생하기까지 '누가 권력의 중심에 있을 것인가?'와 관련한 경쟁체제가 있게 된다. 서너 개의 파벌이 서로 추진위원장을 하겠다고 경쟁한다. 그러다가 먼저 깃발을 꽂는 쪽이 추진위원장이 되면 경쟁은 일단락된다. 추진위원회가 그대로 조합의 집행부가 되는 경우가 대부분이기 때문이다. 조합이 탄생하고 나면 사업진행 과정에서 이런저런 문제들이 생기고 그 과정에서 법적 쟁송이 벌어진다.

주민들은 조합의 탄생과정부터 그 이후까지 집행부의 행위를 잘 감시하고 견제해야 하지만, 실제로는 누가 집행부를 하는지, 얼마나 깨끗하게 잘하고 있는지에 관해서는 무관심한 경우가 많다. 그저 '내 재산을 얼마로 쳐줄까?'에만 관심이 있다. 간혹 조합 활동에 관심을 가진다고 하더라도 자기 재산과 관련된 일인데도 돈 안 들이고 무료법률상담으로 대처하려고 한다. 무료는 책임져주지 않는다. 가치 있는 것들은 대가를 치르고 얻어야 한다. 그게 세상의 법칙이다.

조합장,
해볼 만한가

재개발 재건축 사업이 진행되는 모습을 보면, 보통 한 구역에서 서너 명이 조합장을 하려고 나선다. 파벌이 나뉘어 서로 조합장 선임의 효력을 다투면서 상호 직무집행정지가처분을 하는 사례도 허다하다. 맡아봤자 머리만 아플 것 같은데도 서로 조합장을 하겠다고 난리다. 이유가 뭘까?

조합장을 하면 평생 먹고살 걱정 없다?

Ξ

지금은 좀 달라졌지만 예전에는 조합장을 하면 평생 먹고살 걱정이 없어진다고 했다. 매달 300만 원에서 500만 원, 조합원이 6천 명이 넘는 대형 조합이라면 많게는 매달 800만 원까지 보수를 받을 뿐만 아니라, 판공비와 기타 수당도 지급받기 때문이다. '조합장을 하면서 100억 원, 200억 원 해먹었다'는 말이 있을 정도였는데, 이는 보수만 받아서 생기는 돈이 아니다. 여러 건설사들이 시공사로 선정되기 위하여 줄지어 로비를 하면서 금품과 향응을 제공하는 경우가 많았다.

한번 생각해보자. 서울에서 아파트 한 채 가격이 10억 원이라고 할 때, 5천 세대를 지어서 분양하면 분양대금이 5조 원이다. 이 정도 규모의 공사는 공사비가 1조 원에 이른다. 공사비의 10%, 즉 1천억 원이 시공사의 순수익이라고 생각하면 시공사가 되기 위해 조합장에게 100억 원쯤 못 쓸 이유가 없다. 100억 원을 써도 900억 원이 남는 장사니 말이다. 시공사를 선정하기 위하여 조합원 회의를 거치기는 하지만 결국 조합장과 임원의 영향력이 크기 때문에 생기는 일이다. 이렇다 보니 재건축조합 조합장이 뇌물죄나 업무상 횡령, 배임 등으로 구속되었다는 뉴스가 자주 나온다. 그런데 감방을 갔다와도 후회 안 될 만큼 챙길 건 다 챙길 수 있었다. 몇 년 전, 수도권 초·중·고 학생들을 대상으로 한 설문조사에서 "10억 원이 생긴다면 잘못을 하고 1년 정도 감옥에 들어가도 괜찮다"고 응답한 학생들이 응답자의 44%나 돼서 논란이 된 적이 있다. 실제로 '징역 4년 정도 살다 오면 50억 벌 수 있다'고 하면, 가려고 할 사람이 줄을 설지도 모른다.

직업이 조합장인 사람도 있었다. 예를 들어 마포구에서 조합장을 하면서 100억 원, 200억 원을 챙기고, 사업이 끝나면 이번에는 그 돈으로 서대문구 재개발 지역에 집을 사둔다. 서대문구에서 재개발이 진행되면 거기서 조합장을 하겠다고 또 나선다. 책임을 지는 조합장 자리가 아니라 보수를 받는 조합의 실세인 총무이사를 맡고 싶어 하는 사람도 많다.

바뀐 현실

그런데 요즘에는 임원의 책임에 대한 인식이 높아지면서 임원을 하지 않으려는 모습도 보인다. 임원을 맡기는 하되 조합 채무에 대하여 연대보증을 서지 않는 사람도 많아졌다. 그래서 이사가 연대보증을 거부했다는 이유로 해임되는 사례도 생기고, 조합 정관에서 아예 '임원은 조합 채무에 대하여 연대보증책임을 부담한다'는 규정을 두기도 한다.

엘리트 조합장의 탄생

Ξ

또 달라진 세태로는 고학력 엘리트 조합장이 나오는 경우다. 최근에는 고위공직자 출신 조합장, 변호사 출신 조합장, 수백억대 자산가로서 마을에서 추대되어 하게 된 조합장, 순수하게 봉사한다는 마음으로 하는 조합장을 심심찮게 볼 수 있다. 이들은 성실하고 투명하게 일처리를 하는데도 근거 없는 중상모략에 시달리기도 한다.

정말 없어져야 할 10분의 1 조합장

Ξ

'10분의 1 조합장'이라고 들어본 적이 있는가? 원래 배우자가 가지고 있던 부동산의 소유권 중 10%의 지분을 넘겨받아 자신이 대표소유자가 된 후 조합장이 되는 것이다. 부동산 가액이 3억 원이라고 하면 그 조합장의 몫은 10분의 1인 3천만 원이다. 게다가 그 부동산에 은행의 근저당이 꽉 차 있다면 조합장 몫의 실제 가치는 1천만 원도 안 된다. 가진 재산이 1천만 원인 사람이 수조 원대의 마을 전체 부동산을 쥐락펴락 좌지우지한다. 제대로 조합운영을 할 수 있을까? 한심한 일이다. 100분의 1 조합장도 본 적이 있다. 무릇 조합 전체의 자산을 책임지는 조합장은 그 마을의 평균수준 정도의 자산은 가지고 있어야 한다. 그래야만 일이 잘못되었을 때 자기 재산 빼앗기는 것이 두려워서라도 조심하게 된다. 그러나 일이 잘못되어 손해배상청구를 당하더라도 빼앗길 재산이 1천만 원도 안 되는 사람이라면 그야말로 '배째라~!'식으로 일할 것이 아닌가?

조합장의 고충

≡

사람들은 보통 조합장이 사업의 모든 권한을 쥐고 모든 것을 결정한다고 생각한다. 물론 조합을 이끌어가는 수장이기 때문에 권한이 있는 것은 당연하지만 모든 결정권을 가진다고 할 수는 없다. 특히나 조합원의 이익과 관계된 민감한 사항은 총회에서 조합원들의 다수 결정에 의하지 않으면 불가능하다.

조합장 업무는 밖에서 생각하는 것처럼 결코 쉽지 않다. 앞에서는 조합원들을 잘 다독이며 뜻을 모아 사업을 추진하여야 하고, 뒤에서는 반대파 사람들을 설득하고 골치 아픈 일을 해결해야 하기 때문에 그 권력에 버금가는 의무가 주어진다. 때로는 그로 인한 스트레스로 인해 조합장 직위를 내려놓는 경우도 많다. 잘해야 본전이고 조금이라도 실수했다가는 언제 해임될지도 모르는, 불안한 지위에서 늘 위험을 감수해야만 하는 고달픈 자리일 수 있다.

아버지가 조합 이사가 됐다는데, 괜찮을까

재개발 재건축 조합에는 조합장, 이사와 같은 임원이 있다. 한 동네에서 2~30년씩 함께 살아온 분들이 그 동네의 통장이나 반장을 하는 경우가 많다. 재개발 재건축 사업이 추진되고 조합이 설립되면 이분들이 그대로 조합의 이사로 선임된다. 이사들은 조합장과 달리 조합에서 보수를 받지는 않지만, 회의 출석 때마다 몇만 원씩 수당을 받는다. 연세가 좀 있는 분들의 입장에서는 마다할 이유가 없다. 그러나 세상 모든 일이 그렇듯이 여기에는 빛과 함께 그림자가 있다. 용돈 삼아 받는 수당으로 쉽게 생각한 이 일로 인해, 잘못하면 노후가 수십억 원의 빛으로 끝날 수 있고, 거기에 더해 자식들에게까지 빛을 떠넘길 위험도 있다.

임원의 연대보증책임

三

조합이 설립되면 조합은 사업운영비, 여러 용역업체와의 계약금 등 돈 쓸 일이 많다. 그런데 당장 돈이 없기 때문에 시공사를 선정하고 계약을 체결하면서 시공사로부터 필요한 비용을 대출받는다. 시공사 입장에서는 조합만 보고 돈을 빌려줄 수는 없다. 사업이 중간에 무산되거나 조합이 해산하는 경우 돈을 돌려받을 방법이 없기 때문이다. 그래서 조합 측에 연대보증인을 요구하는데, 이때 조합임원들이 연대보증서에 도장을 찍는 경우가 많다. 바로 이게 문제가 된다.

부동산 경기가 좋았을 땐 다 좋았다

三

일이 잘 돌아가면 괜찮다. 재개발 재건축이 완료되면 신축 아파트를 분양하여 그 분양대금으로 시공사에서 빌린 대출금을 갚으면 되니까. 그러나 부동산 경기가 급격히 하향세가 되면 문제가 생긴다. 재개발 재건축 완료 이후 일반 분양계약에 차질이 예상되어 정비구역이 해제되거나, 추진위원회나 조합의 설립인가가 취소되는 경우도 많다. 조합은 이미 많은 돈을 쓴 상황이다. 사업운영비가 매월 1500만 원이라면, 조합 설립 후 2년 만에 사업이 무산된다고 하더라도 그 사이 조합이 쓴 사업운영비만 3억 6천만 원이다. 여기에 용역업체와의 계약금도 늘어간다. 조합이 활동한 기간이 길면 길수록 쓴 돈이 많아지고, 이 돈은 모두 시공사에 대한 빚으로 쌓인다. 100억 원이 넘는 경우도 있었다.

빚이 불어난 상태에서 사업이 무산되고 조합이 해산되면, 시공사는 연대보증인에게 돈을 청구한다. 단순 보증이 아니라 연대보증이기 때문에 연대보증인이 수십 명이라도 그중 한 명에게 대출금 전부를 청구할 수 있다. 이 금액이 수십억 원이 넘는 경우도 부지기수다. 시공사는 지급을 확보하기 위하여 연대보증인의 집을 가압류하고 판결문을 받아 집행한다. 평생 모은 재산이 그렇게 허무하게 사라지게 된다. 만일 연대보증인이 빚을 못 갚고 사망하면 그 채무는 자식들에게 상속된다. 이러니 조합임원 자리를 가볍게 볼 일이 아니다.

도장을 함부로 찍으면 절대 안 된다

≡

연대보증서에 도장을 찍을 때 주변에서 이렇게 말한다. "그냥 형식적으로 확인 차 찍는 것"이라고. 그러나 이 말은 거짓이다. 이 세상에 형식적으로 찍는 도장은 없다. 도장을 찍는 순간 책임을 져야 한다. 달리 말하면, 도장은 책임을 지게 하려고 만들어진 도구다. 따라서 추후 예상치 못한 연대보증책임이라는 폭탄을 피하기 위해서는 미리 대처를 잘해야 한다. 다음과 같은 대처 방안들이 있다.

첫째, 도장 찍는 단계에서부터 도장 찍을 서류를 면밀히 검토하고 날인 행위의 의미를 정확히 파악해야 한다. 단지 계약 체결을 확인했다는 의미로 찍는 것이라는 식의 회유와 압박 등이 일반적이기 때문에 아무것도 모르고 찍는 경우가 많다. 그러면 나중에 땅을 치고 후회하게 된다.

둘째, 날인하는 서류가 연대보증 서류인지, 날인으로 인해 연대보증의 책임을 부담하는 것인지 여부를 잘 확인해야 한다. 내가 맡은 사건 중에 용역업체가 추진위원회 임원들을 상대로 연대보증금 4억여 원을 청구한 사건이 있었다. 이 사안에서 임원들은 추진 위원으로서 도장을 찍어야 한다고 해서 별 생각 없이 추진위원회와 용역업체 사이의 계약서에 도장을 찍었다. 그랬는데 용역업체는 위 계약서를 근거로 임원들에게 연대보증금을 청구한 것이다. 당시에 우리는 임원들을 대리했는데, 계약서를 잘 살펴보니 천만다행으로 계약 내용 중에 '연대보증한다'는 문구가 없었다. 연대보증했다는 사실을 용역업체가 증명해야 하는데 계약서에는 그런 내용이 없었던 것이다. 다른 증거도 없었기 때문에 용역업체의 청구는 기각되었다. 이는 매우 드문 경우에 속한다. 처음에 도장을 찍기 전에 잘 확인해야 한다.

셋째, 만일 정비사업구역 내 토지나 건물 등 재산을 양도하거나 추진위원회 또는 조합의 임원 지위에서 사퇴하는 경우에는 반드시 과거 날인했던 서류의 계약 상대방에게 위 사실을 통지해야 한다. 즉, 계약해지 통지를 해야 그 이후 발생할지도 모를 채무를 면할 수 있다(다만 계약서의 특약에 따라 사임해도 그 이후 채무까지 모두 책임을 지는 경우가 있으니 계약서의 확인은 필수다).

넷째, 재산 양도나 임원 지위 사퇴 시 상대방에게 통지하기 위해서는 도장을 찍을 때 해당 서류를 사진으로 찍어 보관해두면 좋다.

다섯째, 배우자나 자녀가 도장을 대신 찍어서는 절대 안 된다. 부모님이 연로한 이유로, 남편이 바쁜 이유로 대리인이 대신 도장을 찍는 경우가 있다. 그런데 나중에 아무리 내가 찍은 게 아니라고 해도 내 도장이면 그 책임에서 벗어나는 것은 쉽지 않다.

연대보증청구 소장을 받은 경우

三

그러나 과거에 이미 서명·날인한 연대보증서로 인해 연대보증책임을 이행하라는 사업시행자나 기타 관계자로부터의 법원 소장을 받았다면 흥분하지 말고 신중하고 차분하게 대처해야 한다. 다음은 법원 소장을 받았을 때 취할 수 있는 적절한 방안이다.

가족 중 젊은 사람들과 상의해야 한다

연대보증서류에 날인하는 사람은 대개 50대 이상이라 안이하게 대처하는 경우가 많다. 법원의 소장을 송달받더라도 이 사실을 가족에게 숨긴 채 혼자 끙끙대며 해결하려고 하는 경우도 많다. 우선 가족에게 알리고 가족 중 성년자와 상의하여 신속하고 신중하게 대처해야 한다. 가족에게 부담되지 않도록 혼자 해결하려고 숨기다가 추후 고액의 판결문을 받으면 연대보증책임이라는 덫에서 빠져나오기가 매우 어렵다.

먼 친인척 변호사, 친구 변호사에게 무조건 맡기는 것은 피해야 한다

최근에 상담한 사건 중, 연대보증청구를 받고도 친구인 변호사에게 맡겨두고 사건을 방치하여 사건이 엉망이 되고 결국 고등법원에서 패소한 경우를 보았다. 대법원에서는 새로운 증거를 받아들이지 않으므로 사건이 사실상 패소로 종결된 것이다. 매우 안타까웠다. 의사에게 각자의 전문 분야가 있듯이 변호사에게도 각자 자신 있는 분야가 따로 있고, 그중에서도 이러한 분야를 특성화시킨 전문 변호사들이 있다. 그런데 그냥 친구나 친척 중에 아는 변호사를 찾아가서 하소연하고 의뢰를 한다. 물론 모르는 분야도 최선을 다해 공부해서 재판에 임하는 변호사도 많다. 하지만 그 분야에 재판 경험이 많은 전문 변호사를 따라가지는 못한다.

재개발 재건축 계약과 관련하여 연대보증을 한 경우에는 단순히 민사상 연대보증의 문제가 아니라, 재개발 재건축 사건의 독특한 특색을 잘 알고 그 약점을 파고들어야 한다. 아는 의사 중에 피부과 의사가 있다고 해서 내과 질환을 그 의사에게 물어보는 사람이 있을까? 변호사도 마찬가지다. 아는 사이라고 무작정 친한 변호사에게 일을 맡기면 일이 엉망이 되고 관계도 나빠진다.

반드시 공동으로 변호사를 선임할 필요는 없다

사건 위임을 위한 변호사를 알아볼 때 7~8명의 위임인이 공동으로 한 명의 변호사를 선임하는 경우가 종종 있다. 그런데 이렇게 하면 사건에 대한 책임의식이 사라지고 사건 처리에 대해 서로 미루는 경향이 있으므로 절대 피해야 한다. 이때 몇 명만 변호사 비용을 대고 몇 명은 눈치 보면서 비용도 안 내고 준비서면을 베껴서 내는 경우도 있다. 돈이 걸린 문제이므로 남에게 미루거나 눈치만 보지 말고 자기 일처럼 대응해야 한다. 연대보증책임이 현실화되면 그 폭탄은 당신의 재산에 곧바로 떨어진다. 여럿이 하면 비용부담을 덜 수 있어 좋지만 배가 산으로 가는 수가 있으므로 독자적으로 변호사를 선임할 생각도 해야 한다. 주변 사람들이 당신의 변호사 주위를 맴돌면서 전화나 대화로 지식을 훔치려 할 수도 있다.

변호사를 귀찮게 해야 한다

변호사에게 맡기면 모든 일을 알아서 처리해줄 것이라는 생각은 매우 위험하다. 사건을 의뢰할 사람이 사건에 대해 제대로 알려주지 않으면, 변호사는 사안에 맞는 적절한 대처를 하기 어렵다. '우는 아이 젖 준다'는 말처럼 수시로 변호사를 찾아가 사건에 대해 의사소통을 하고 이메일, 문자 등으로 자료를 송부하거나 자주 전화해서 변호사를 귀찮게 해야 본인이 원하는 결과를 얻을 가능성이 높다.

때로는 합의가 이익일 수 있다

일단 연대보증 소장이 날아오면 대부분 재산에는 가압류가 이미 되어 있을 가능성이 높다. 가압류는 소송을 대비해서 재산을 확보하기 위한 방법이지만, 가압류 당하는 사람은 부동산을 팔 수도 없고, 임대도 잘 나가지 않게 되어 꼼짝없이 재산이 묶인다. 소송이 언제 끝날지도 모르고, 1심에서 이겼다고 하더라도 상대방이 항소하면 대법원까지 갈 수도 있는데, 그렇게 2~3년을 보내느니 어쩌면 조금이나마 책임을 지고 소송을 취하하게 만드는 것도 하나의 방법일 수 있다. 소송이 끝날 때까지의 불안함과 얼마가 될지 모르는 손실을 막기 위해 조금은 손해를 보는 것이 정신적으로나 경제적으로 더 이득일 수 있기 때문이다.

비상대책위원회 출신 조합장,
제대로 일하고 있나

조합집행부의 비리를 고발하고 해임시키는 과정에서 주도적인 역할을 한 비상대책위원회(이하 '비대위') 위원장이 새로운 조합장으로 선출되는 경우가 있다. 신임 조합장은 일종의 '역사 바로 세우기' 작업에 돌입한다. 전임 조합장, 시공사, 용역업체의 비리를 적발하고자 한다. 그 작업이 성공하면 좋겠지만, 신임 조합장의 미래는 대개 다음 세 가지 중 하나인 경우가 많다.

① 회유하기

신임 조합장이 가장 먼저 맞닥뜨리는 것은 시공사와 용역업체, 전임 조합장의 회유다. 조합장이 바뀌면 시공사와 용역업체는 다급해진다. 전임 조합장과의 유착관계가 드러나서 좋을 게 없기 때문이다. 신임 조합장에게 접근한 후 "살살해. 뭐 그렇게 피곤하게 살려고 해. 아들 유학 가는 데 돈 필요하지?" 등의 감언이설과 돈으로 회유한다. 평생 만져보지 못한 돈뭉치가 손에 들어오면, 신임 조합장 역시 본분을 잊고 전임 조합장의 행태를 반복한다.

② 흠집 내기

신임 조합장이 감언이설이나 회유에 넘어가지 않으면 그다음에는 흠집 내기를 시도한다. "너는 얼마나 깨끗해서 그러는데?" 하면서 사소한 것까지 탈탈 털어낸다. 예를 들면, "너, 아는 사람 결혼식에 조합비용으로 화환 보냈더라?"라는 식으로 시비를 건다. 그런데 그 '아는 사람'의 기준이 공적인 관계인지 사적인 관계인지 애매한 경우가 많다. 예를 들어 조합장이 부구청장 딸 결혼식에 조합비용으로 화환을 보냈다. 부구청장과 관계를 돈독히 해두는 것이 조합에 도움이 될 거라고 생각한 행동이다. 그런데 조합장은 이전부터 부구청장과 개인적인 친분이 있다는 식이다. 이렇게 따지기 시작하면 안 걸릴 수 없다. 이 과정에서 신임 조합장의 이미지는 추락한다. 구세력은 대항마를 내세워 비대위 출신 조합장의 해임 총회를 준비하기도 한다. 신임 조합장은 버텨내기 힘들다.

③ 독야청청

간혹 위와 같은 공격을 견디고 끝까지 잘 마무리하는 조합장도 있다. 따로 돈을 받지 않고, 비용도 남용하지 않으면서 깨끗하게 임기를 마치는 경우다. 이런 조합장은 대개 어느 정도 재산이 있는 사람이다. 무사히 임기를 마치면 좋은데, 깨끗하게 직무를 수행하다가 누명을 쓰기도 한다. 이런 모습을 보고 사람들은 안타까워한다. "아니, 차라리 뭘 좀 해먹고 감방엘 가지." 돈이 많은 쪽에서 돈을 뿌려대면 돈 없는 사람들은 지게 되어 있다. 변절하는 사람이 나올 수밖에 없다. 안타깝지만 현실에서는 첫 번째나 두 번째 경우가 더 많다. 첫 번째 부류에 해당하는 사례 중 두 사건을 소개한다.

실제 사례(1)
은평구 A구역 사건

三

신축 아파트의 분양대금은 대개 조합과 시공사의 공동명의 통장으로 입금받는다. 관행이기도 한데 그래야 어느 한쪽이 일방적으로 돈을 인출하는 것을 방지할 수 있기 때문이다. 공사가 완료되면 시공사는 그 통장에서 그동안 지출한 돈을 지급받는다. 시공사가 돈을 지급받기 위해서는 조합의 도장이 필요하다.

조합의 돈을 자동이체 받은 시공사

은평구 A구역에서 황당한 일이 일어났다. 공동명의 통장에서 시공사인 B건설의 통장으로 일정 금액이 자동이체되고 있었던 것이다. 조합장이 조합 총회를 거치지 않은 채 자동이체를 신청하였고, 해당 은행은 조합의 총회 결의나 대의원의 결의 유무를 확인하지도 않고 처리해버렸다. 일반적으로 회사가 은행에서 대출을 받고자 할 때 은행은 총회나 이사회 결의 유무, 정관의 규정을 꼼꼼히 확인하고 대출 여부를 결정한다. 그런데 이 사건에서 해당 은행은 그렇게 하지 않았다. 결국 조합의 확인을 거치지 않은 돈이 B건설로 빠져나간 것이다. 조합장이 임의로 자동이체 신청서를 쓴 행위는 조합의 권리를 포기한 것으로, 중대한 배임행위다.

그 후에 더 큰 문제가 드러났다. 조합과 B건설의 당초 계약상 공사대금은 3천억 원이었는데, B건설은 추가 설비 때문에 공사비가 3천 500억 원이라고 주장하였다. 뿐만 아니라 추가 공사비 500억 원을 조합원들에게 분담하여 분담표를 만들고 그 돈을 이유로 유치권을 행사하면서, 추가 금액을 입금한 조합원들만 아파트에 입주할 수 있도록 조치했다. B건설이 정한 금액이 아니면 아예 입금조차 되지 않고, 그 금액이 입금되는 순간 B건설의 통장으로 자동이체가 되도록 해놓은 것이다.

손을 놓아버린 신임 조합장

이런 문제가 드러나자, 견디다 못한 조합원들은 임시총회를 열어 조합장을 해임하고 신임 조합장을 선출하였다. 신임 조합장은 전임 조합장이 저지른 일을 수습해야 할 책임이 있었다. 그런데 신임 조합장은 정작 선임되고 나자 "전임 조합장이 한 일인데 내가 뭘 어떻게 하느냐"면서 손을 놓아버렸다. 이 사건에서 우리는 조합 측을 대리했는데, 자동이체 효력을 정지시키는 게 우선이라고 생각했다. 그러나 법원에서는 자동이체 효력정지가 이 사건의 유일무이한 해결책이 아니고, 입주방해금지가처분이 가능하다는 이유로 이 청구를 기각하였다.

시공사도 나름의 사정이 있다

이 사안에서 답은 명백하다. 시공사는 공사대금을 3천억 원으로 정산하여 조합원들을 입주시킨 후, 증액된 500억 원이 타당한 금액이라면 그 금액에 기초하여 각 조합원의 아파트를 가압류하면 된다. 그런데 왜 그렇게 안 하는 걸까? 사실 거기에도 나름의 이유가 있다. 대법원 판례 때문이다. B건설이 조합원으로부터 추가 공사비를 받기 위해서는 먼저 조합이 총회를 개최하여 추가 공사비를 조합원에게 분담시키고 그 분담액을 정하는 결의를 해야 한다. 그러나 입주를 마친 조합원은 굳이 총회를 열 필요가 없다. 아쉬울 게 없기 때문이다. 사후에 조합원이 받은 아파트를 가압류할 수는 있겠지만, 한두 명도 아니고 수백 명의 조합원을 일일이 찾아서 소송을 하기가 쉽지 않다. 그리고 더 중요한 이유는, 돈을 받기 위해서는 결국 본안소송을 해야 하는데 현재의 대법원 판례에 따르면 조합이 총회를 열지 않는 이상 본안소송을 하더라도 이길 수가 없기 때문이다.

결국 힘센 쪽이 유리하다

그런데 조합원들이 시공사의 요구대로 3천 500억 원을 기준으로 분양대금을 지급하였는데, 나중에 추가 500억 원에 대해서 전부나 일부가 인정되지 않는다면? 조합원들은 B건설을 상대로 그 금액을 받기 위하여 압류를 하고, 소송도 진행해야 한다. 상당히 피곤한 일이다. 문제는 '추가 공사비에 대한 위험을 누가 부담하는가?'인데, 힘 있는 B건설이 판을 쥐락펴락한다. B건설은 500억 원을 다 못 주겠다면 그중 40억 원 정도는 깎아줄 생각이 있다고 선심을 쓴다. 조합 입장에서는 200억 원 정도는 깎아야 할 판인데 억울하기 짝이 없다. 이런 와중에 신임 조합장은 꿀 먹은 벙어리마냥 사태를 관망하고 있다. 이 신임 조합장은 앞서 얘기한 첫 번째 부류라고 짐작된다. 500억 원이 왔다 갔다 하는 판이니 조합장에게 20억 원쯤 뒷돈을 주는 일은 B건설 입장에서는 충분히 투자할 가치가 있는 일이다.

실제 사례(2)
광진구 C구역 상가 위원장의 변절

≡

이 사건은 조합장의 변절이 아니라, 상가 위원장의 변절이라고 볼 수 있다. 이 구역 아파트 조합장은 추진위원장부터 시작해서 조합장까지 15년 동안 조합장을 했다. 이것이 가능했던 이유는 아파트의 소유자 대부분이 투자 목적으로 이 아파트를 소유하면서 외부에 거주했기 때문이다. 소유자가 외부에 거주하는 비율이 높을수록, 조합원의 수가 많을수록 조합장의 전횡이 심해지는 경향이 있다. 외부에 거주하면 우편물이 반송되곤 하는데, 이렇게 반송되었다면 서면결의서 위조대상 0순위다. 그리고 조합원이 1천 명이 넘으면 그 많은 사람들을 일일이 확인하기 어렵기 때문에 서면결의서를 위조해도 잘 드러나지 않는다. 10년 넘게 외국에 살면서 입국한 적이 없는 사람의 서면결의서가 나온 적도 있었다. 아무 생각 없이 서류를 위조해서 생긴 일이다. 이런 식으로 조합장이 장기집권한다. 또한 전횡이 심할수록 임원들 역시 장기집권을 하게 된다. 집행부가 바뀌면 모든 비리가 드러날 수 있기에 정권을 유지하는 것만이 살 길이기 때문이다.

재건축에 반대하는 상가 소유자들과 상가 위원장의 선출

아파트 단지의 경우 재건축을 하려고 하면 대개 상가에서 반대를 한다. 상가는 재건축 기간 동안 상권을 잃고, 조합 내에서는 소수에 속하므로 사업진행 과정에서 소외되거나 불리하게 취급되는 경우가 많기 때문이다. 당연히 상가 소유자들은 조합에 편입되기를 꺼린다. 이때 상가의 대응은 두 가지로 나뉜다. 자치권을 보장해달라고 조합과 협상을 하자는 입장과 차라리 토지를 분할하고 독자적인 사업을 시행하자는 입장이 있다. 광진구 C구역에서는 조합장이 장기 집권하고 있고, 상가의 이해가 적절하게 반영되지 않을 우려가 높은 상황이었다. 그래서 상가 소유자들은 조합과 별도로 위원장을 선출하여 대응하기로 했다. 선임된 위원장은 "우리 상가를 위하여 열심히 노력하겠다!"라면서 회비를 걷고 일을 시작했다.

토지분할청구소송의 제기

그런데 상가 소유자들이 계속 재건축에 반대하자 조합 측은 상가 소유자들을 상대로 도시정비법 제67조(구 도시정비법 제41조)에 따라 토지분할을 청구하였다. 정비구역인 아파트 단지의 부지는 아파트 소유자와 상가 소유자의 공유여서 상가가 재건축에 반대하면, 아파트 소유자들은 상가 동이 있는 토지를 분리하고 남은 토지로만 사업을 진행할 수 있다. 사실 상가 소유자들도 토지를 분할하여 떨어져 나오는 것보다 아파트 단지와 함께 재건축을 하는 편이 결국에는 이익이다. 다만 종전자산에 대한 평가액이 적고, 재건축 기간 중의 영업 손실이 고려되지 않았기 때문에 무작정 찬성할 수 없는 것이다. 그럼에도 불구하고 토지가 분할되지 않아야 상가 소유자들이 더 유리한 조건으로 협상할 여지가 생긴다.

석연치 않은 변호사 선임 과정

상가 위원장은 아파트 조합의 토지분할청구에 대응하기 위해 변호사를 선임했다. 착수금 3천만 원에 성공보수 10%로 계약했다면서 변호사 비용을 위원장 통장으로 받았다. 그리고 명문대를 나온 판사 출신의 변호사라고 사람들에게 소개했다. 그런데 알고 보니 군법무관 출신이었다. 결국 위원장이 변호사에게 돈을 주기는 줬냐, 일부를 자기가 먹은 건 아니냐 하는 소문이 무성했다. 위원장의 신뢰는 땅에 떨어졌고, 그 변호사를 믿고 사건을 진행해도 되는지 불안해진 상가 소유자들 중 일부가 따로 우리 법무법인을 선임하였다. 사건을 맡을 당시에는 설마 위원장이 그렇게까지 했을까 싶었으나, 이후 토지분할소송에서 위원장과 변호사의 불성실한 모습을 보니 사람들의 불신이 왜 생겼는지 이해가 되었다. 우리는 이 소송에서 토지분할을 하려면 교환가치 정산을 위하여 감정평가를 다시 해야 한다고 주장했다. 상가는 대개 도로변에 위치하는 경우가 많아 상대적으로 가격은 높지만 면적은 작다. 한편 아파트 단지 안에는 맹지도 섞여 있다. 즉, 하나의 토지지만 토지 위치에 따라 가치가 다르다고 할 수 있다. 이것을 별개의 토지로 분할하는 것이므로 정비구역에서 떨어져 나올 상가 동 부지의 면적과 그 가치, 나머지 아파트 단지 부지의 면적과 그 가치를 고려해서 상가 동 부분의 토지만을 분할할 때 차액이 발생하는 경우, 그 차액은 현금으로 정산하는 등의 절차가 필요하다. 그래서 측량뿐만 아니라 감정평가를 다시 해야 한다고 주장했다. 그러나 처음 선임된 변호사의 무성의한 태도와 100건에 1~2건 정도의 비율로 만나게 되는 이상한 재판부가 사건을 담당하면서 감정평가 신청은 기각되었다. 결국 아파트 조합이 승소하여 상가 부분 토지를 분리하는 것으로 결론이 났다.

인지대 때문에 항소도 못하는 의뢰인들

재판부 입장에서는 재판 결과에 불복하면 항소하면 된다고 생각했는지도 모르겠다. 그러나 이 사건의 항소심 인지대는 4억 원이었다. 게다가 공유물 분할청구소송은 공동소송이 필수이기 때문에 당사자의 일부만 항소하더라도 당사자 전부에 대한 사건 전체가 항소심으로 이심되고, 인지대는 항소한 일부 당사자들이 부담해야 했다. 즉, 피고였던 40명 중에서 2명만 항소하더라도 그 2명이 40명분의 인지대 4억 원을 모두 납부해야 했던 것이다. 어쩔 수 없이 상가 소유자들은 항소를 포기했고, 판결은 확정됐다.

전임 위원장의 변절

상가 소유자들이 항소를 포기하자, 조합은 현재 상가를 제외하고 재건축을 진행하고 있다. 상가 소유자들은 이렇게 된 마당에 상가를 허물고 독자적으로 빌딩을 짓자고 하면서 이를 추진하기 위하여 전임 위원장을 해임하고 새로운 위원장을 선임하였다. 그런데 그 전임 위원장은 독자 개발을 반대하고 지금이라도 조합 측에 편입되자면서 구청에 민원을 넣어가면서 사업 추진을 방해하고 있다. 이런 모습을 보면 전임 위원장이 상가 소유자들의 이익을 대변하려고 하는 것인지, 아파트 조합의 앞잡이인지 헷갈릴 지경이다.

서면결의서 위조,
대안이 있을까

서면결의서는 부재자투표라고 생각하면 된다. 총회에 직접 참석할 수 없으니 총회 전에 미리 서면으로 결의서를 제출하는 방법이다. 도시정비법 제45조 제5항(구 도시정비법 제24조 제5항)은 조합원들이 서면으로 의결권을 행사할 수 있다고 규정하고 있다. 서면결의서를 낸 조합원은 정족수를 산정할 때 출석한 것으로 본다.

KBS 1TV 〈취재파일 K〉는 2016년 3월 6일, 조합원들과 갈등을 빚고 있는 정비사업조합 이야기를 방영했다. 이 방송에서는 안양시 정비구역에서 비상대책위원회가 '조합이 서면결의서를 위조했고, 종전자산평가와 관련된 감정평가 결과도 수용할 수 없으니 조합을 해산해야 한다'고 주장하는 내용이 다루어졌다. 공교롭게도 대로를 사이에 두고 마주 보고 있는 두 개의 정비구역 모두에서 서면결의서 위조가 문제시되었다. 조합원 중 누군가가 임원들이 서면결의서 위조를 모의하는 대화를 녹음하여 그 파일을 근거로 임원을 고발했고, 국립과학수사연구소는 900여 장의 서면결의서 중 206장을 감정한 결과 46장이 위조되었다고 밝혔다. 그러나 검찰은 고소된 사람들이 서류 위조를 모의한 사실은 인정되지만 실제로 서류를 위조했는지 인정하기에는 증거가 불충분하다는 이유로 무혐의 처분을 하였다. 서면결의서는 정비사업에서 항상 말이 많은 부분이다. 방송 내용에서도 언급한 것처럼 실제로 많이 위조되고 있다.

서면결의에서 반드시 등장하는 오에스 요원

서면결의서는 오에스(OS : Out Sourcing을 말함, 외부용역) 요원들이 받으러 다닌다. 아웃소싱은 어떤 작업이나 물품의 생산을 외부에 위탁하는 행위다. 즉, 조합은 서면결의서를 수거하는 작업을 오에스 업체에 위탁한다. 오에스 요원들은 대개 '아줌마 부대'다. 총회에는 조합원의 100분의 10 이상이 반드시 직접 참석해야 하고(도시정비법 제45조 제7항, 구 도시정비법 제24조 제6항), 서면결의서를 낸 조합원을 포함하여 조합원의 과반수가 출석해야 개회가 가능하다(재건축조합·재개발조합 표준정관 제22조 제1항). 조합원이 1천 명인 조합이라면 100명은 반드시 직접 참석해야 하고, 나머지 401명은 서면결의서라도 내야 개회가 가능하다. 100명은 열성 조합원이어서 참석한다고 하지만, 나머지 401명에 대해서는 서면결의서를 받으러 다녀야 한다. 이 일을 오에스 요원이 담당한다. 오에스 요원은 하루 일당 20만 원 정도를 받고, 집집마다 서면결의서를 수거하러 다닌다. 대략 다음과 같은 상황이 펼쳐진다.

오에스 요원 : 조합원이시죠? 이것 좀 작성해주세요.

조합원 : 이게 뭡니까?

오에스 요원 : 총회하려면 이거 써주셔야 돼요.

조합원 : 그니까 뭘 어떻게 쓰라는 거죠?

오에스 요원 : 이쪽에다가 표시하고 서명하시면 돼요.

조합원들은 내용을 잘 읽어볼 틈도 없이 요원이 말하는 대로 표시를 한다. 총회에서 가장 중요한 것은 무엇일까? 바로 업체 선정이다. 이렇게 중요한 일을 아무 정보 없이, 아무 관심도 없이 그냥 요원이 하라는 대로 해주는 것이다. 서면결의서는 조합원 도장을 찍을 필요도 없이 그냥 사인하면 끝이다. 신분증 복사도 필요 없다. 그러다 보니 서면결의서 위조 문제가 자주 등장한다.

오에스 업체에 대한 용역비

〓

조합은 오에스 업체에 용역비를 많이 쓴다. 보통 수천만 원 정도 드는데, 이 돈은 사업비로 책정되므로 그대로 조합원이 부담하게 된다. 가끔 오에스 업체가 조합이 준 돈을 오에스 요원들에게 챙겨주지 않아서 조합에 직접 용역비를 청구하는 사례도 발생한다.

조합설립동의서 징구

〓

참고로, 오에스 요원들은 서면결의서뿐만 아니라 조합설립을 위한 동의서를 받는 과정에서도 활약한다. 조합을 설립하기 위해서는 정비구역 내 토지등소유자 75%의 동의가 필요하다. 도시정비법 제36조(구 도시정비법 제17조)의 조합설립동의서는 매우 중요하다. 조합이라는 거대권력체가 탄생하기 위한 조건이 되기 때문이다. 서면결의서와는 달리 조합설립동의서는 위조하기 어렵다. 도시정비법 제36조(구 도시정비법 제17조)에 따라 조합설립동의서에는 토지등소유자의 지장을 날인하고 자필로 서명한 후 동의자의 신분증 사본도 첨부해야 하기 때문이다.

2장 조합과 이해당사자들의 손익계산법

클린업 시스템(Clean-up System)

Ξ

서면결의서를 위조하는 등의 문제가 불거지자 행정기관에서는 클린업 시스템을 도입하였다. 조합원이 서울시 클린업 시스템(cleanup.seoul.go.kr)에 가입한 후 로그인하면 자기 조합의 정보를 볼 수 있다. 예를 들어, ○○구역의 조합원이라면 해당 조합의 시공계약, 이사회 결의서 등을 다 볼 수 있는 제도다. 다른 사람의 결의서는 볼 수 없고 로그인한 조합원 개인이 작성한 서면결의서만 확인할 수 있다. 그런데 이 시스템에 허점이 생겼다. 즉, 조합에서는 클린업 시스템에 들어가서 자기 결의서를 확인하지 않을 것 같은 사람들의 결의서가 위조될 가능성이 높다. 외국에 거주하는 사람, 행방불명자, 60세 이상의 사람들이 주요 대상이다. 누군가는 이렇게 결점이 많은 서면결의제도 자체를 없애자고 주장하기도 한다. 그러나 서면결의제도가 사라지면 총회 자체가 열릴 수 없게 된다. 문제의 핵심은 무관심이다. '나 하나쯤이야'가 위조를 낳는다.

인터넷 전자투표를 하자는 제안

Ξ

앞서 언급한 〈취재파일 K〉에서 인터뷰를 한 김상윤 법무사는

《죽은 조합원 살리기》라는 책에서 전자투표를 대안으로 제안했다. 〈서면결의서 위조방지 대책위원회〉 카페를 운영하고 있는 그는 조합원들이 상담하러 온 경우 인터넷 등을 통해 의결권을 행사하도록 정관변경안을 작성해주는 업무를 해주고, 각 조합의 총회에서 오에스 업체의 개입을 막고 조합원의 의사가 투명하게 반영될 수 있도록 '조합원 전자투표 시스템'을 개발하여 보급하는 일에 주력하고 있다. 좋은 방법이라고 생각한다. 하지만 당장 도입하기 어렵다면, 조합설립동의서와 마찬가지로 서면결의서에도 '신분증 사본'을 첨부하도록 하는 것이 하나의 대안이 될 수도 있다.

매도청구소송 완료 후
조합이 대금을 안 주면

매도청구 절차

조합설립에 대한 인가·고시가 있고 조합설립등기를 마친 조합은 지체 없이 조합설립에 동의하지 않은 토지등소유자에게 조합에 가입할 것인지 여부를 질문하여야 한다. 2개월의 회답기간 내에 답변이 없는 토지등소유자에게는 회답기간이 만료된 때로부터 2개월 이내에 매도청구를 하여야 한다(도시정비법 제64조, 구 도시정비법 제39조). 이는 재건축인 경우만 해당된다. 재개발은 강제가입제이므로 이러한 절차가 없다.

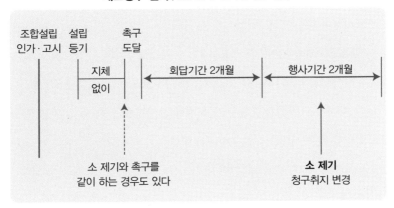

매도청구 절차(개정 전 구 도시정비법 기준)

조합설립
인가·고시

설립
등기

지체
없이

촉구
도달

회답기간 2개월

행사기간 2개월

소 제기와 촉구를
같이 하는 경우도 있다

소 제기
청구취지 변경

2018. 2. 9 개정된 도시정비법 기준에 의하면 사업시행계획인가의 고시가 있는 날부터 30일 이내에 서면으로 촉구해야 한다.

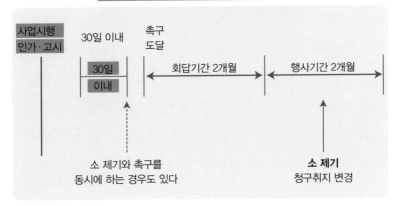

개정된 도시정비법에 따른 매도청구 절차

사업시행
인가·고시

30일 이내

30일

이내

촉구
도달

회답기간 2개월

행사기간 2개월

소 제기와 촉구를
동시에 하는 경우도 있다

소 제기
청구취지 변경

도시정비법

제64조(재건축사업에서의 매도청구) ① 재건축사업의 사업시행자는 사업시행계획인가의 고시가 있은 날부터 30일 이내에 다음 각 호의 자에게 조합설립 또는 사업시행자의 지정에 관한 동의 여부를 회답할 것을 서면으로 촉구하여야 한다.

1. 제35조제3항부터 제5항까지에 따른 조합설립에 동의하지 아니한 자

2. 제26조제1항 및 제27조제1항에 따라 시장·군수등, 토지주택공사등 또는 신탁업자의 사업시행자 지정에 동의하지 아니한 자

② 제1항의 촉구를 받은 토지등소유자는 촉구를 받은 날부터 2개월 이내에 회답하여야 한다.

③ 제2항의 기간 내에 회답하지 아니한 경우 그 토지등소유자는 조합설립 또는 사업시행자의 지정에 동의하지 아니하겠다는 뜻을 회답한 것으로 본다.

④ 제2항의 기간이 지나면 사업시행자는 그 기간이 만료된 때부터 2개월 이내에 조합설립 또는 사업시행자 지정에 동의하지 아니하겠다는 뜻을 회답한 토지등소유자와 건축물 또는 토지만 소유한 자에게 건축물 또는 토지의 소유권과 그 밖의 권리를 매도할 것을 청구할 수 있다.

재개발 재건축 법률상식 119

소송 완료 후에도 매매대금을 안 주는 조합이 있다

≡

매도청구소송은 조합이 토지등소유자에게 부동산을 조합에게 팔라고 청구하는 것이다. 매도청구소송은 조합만이 할 수 있고 토지등소유자가 조합에게 내 땅을 사라는 매수청구는 할 수 없다. 그리고 실제로 청구 의사표시를 해야 매매계약이 체결되므로 아무런 행위를 하지 않으면 매매계약 체결의 효과는 발생하지 않는다. 그런데 도시정비법 제64조(구 도시정비법 제39조)에 따른 매도청구소송이 완결되었음에도 불구하고 재건축조합이 매매대금을 지급하지 않는 경우가 많다. 조합은 법 규정에 따라 매도청구소송을 제기할 수밖에 없는데, 소송 종결 후에도 돈이 마련되지 않아 토지등소유자에게 매매대금을 못 주는 것이다. 이러한 경우에 피고는 반소를 제기하여 조합에 대하여 적극적으로 대금지급을 청구할 필요가 있다. 반소란 원고의 소송에 일종의 맞소송을 제기하는 것을 의미한다.

잔금지급과 소유권이전등기는 동시이행관계

≡

매도청구소송의 결과인 조정문이나 판결문은 부동산매매 계약서나 마찬가지인데, 보통 상대방이 항변을 하므로 조합의 잔금지급의

무와 토지등소유자의 소유권이전등기의무는 동시이행관계로 되어 있다. 즉, 피고인 토지등소유자는 소유권이전등기를 원고인 조합에게 넘겨주는 것과 상환으로만 매매대금을 받을 수 있다. 부동산 매매계약을 체결한 후 매매잔금지급일에 매매잔금을 지급받으면서 동시에 소유권이전등기 서류를 건네주는 것을 생각하면 된다. 이렇게 쌍방의 의무가 동시이행관계에 있는 경우, 일방이 자신의 의무를 이행하지 않으면 타방이 의무를 이행하지 않는 것도 정당한 사유가 되어 이자 발생이나 계약해지 사유가 되지 않는다. 따라서 토지등소유자가 조합에 대하여 매매대금 지급 및 이자 청구를 하려면 자신의 의무를 먼저 이행하여야 한다. 이때 이행해야 하는 의무란 다음 세 가지를 말한다.

① 소유권이전등기에 필요한 서류 제공

권리증, 부동산매도용 인감증명서, 주민등록초본 등을 법무사나 변호사에게 맡긴다.

② 부동산 인도

건물을 완전히 비우고 사진촬영 후, 열쇠를 법무사나 변호사에게 맡긴다.

③ 근저당권과 같은 권리제한등기 말소

건물과 토지에 설정된 근저당권을 말소하여야 한다(근저당 피담보
채무액을 제외한 나머지 매매대금만 이행제공을 해도 해당부분에 대한 이자
지급이 가능하다는 판례가 있으나, 각 사안마다 다르게 적용될 수 있으므로
주의해야 한다. 이행제공은 근저당권까지 전부 말소해서 하는 것을 원칙으로
세우는 것이 좋다).

이러한 의무를 다한 후 조합에 대하여 '내용증명'으로 위 의무를
이행한 사실을 통보하고 매매대금 지급을 요청하면, 그때부터 조합
은 자신의 의무이행을 지체한 것이 되므로 매매대금에 연 5%의 민
법상 법정이자를 가산해서 지급하여야 한다. 물론 조합은 피고에게
집행권원(權原, 어떤 행위를 정당화하는 법률적인 원인)이 확보되지 아니
하였다고 하여 이자 지급을 거절할 가능성이 크다. 그래서 반소(反
訴)를 제기해두어야 하는 것이다.

반소를 제기하면 연 12%의 이자를 받을 수 있다

☰

조합이 매도청구를 걸어오면, 소송 도중 적당한 시점에 위에서
언급한 세 가지 의무를 이행하면서 반소를 제기하면 되는데, 이때
그 의무이행을 다한 사실을 조합에 통보한 날로부터 연 12%의 이

자가 가산된다. 이는 「소송촉진 등에 관한 특례법(약칭: 소송촉진법)」에 규정된 것이다. 소송촉진법에서 이처럼 고율의 이자를 가산하게 한 것은 '어차피 주어야 할 돈을 주지 않고 질질 끄는 피고에게 고율의 이자를 부과함으로써 결과적으로 소송을 촉진하도록' 하려는 취지에서다. 물론 상대방이, 즉 원고 조합이 항쟁함이 타당하다고 인정될 때에는 위에서 통보한 날로부터 판결 선고 시까지 연 5%, 그 다음 날부터 다 갚는 날까지 연 12%의 이자가 지급되도록 판결이 나게 된다.

돈 받기를 미루는 의뢰인들

三

요즘 같은 저금리 시대에 12%의 이자를 받을 수 있다니, 어찌 보면 대금 지급이 늦어지는 게 의뢰인에게는 더 유리한 일일지도 모른다. 매도청구소송에서 감정가액을 높이고자 항소하여 재감정을 받는 것도 필요하지만 재빨리 조정으로 확정시키고 12%의 이자청구를 하는 것도 하나의 방법이다. 우리는 위와 같은 소송을 다수 제기하여 법원에서 실제로 12%의 이자부과를 명하는 판결을 이끌어 낸 바 있다. 2015년 소송촉진법 관련 규정이 개정되기 전에는 위 이율이 연 20%였다. 한편 2019년에 다시 개정되어 현재는 12%다. 우리 의뢰인 중에 조합이 소유자가 의무를 이행한 시점으로부터 2년이 다 되도록 대금을 지급하지 않은 경우가 있었다. 10억 원짜리 부동산에 이자만 4억 원이 넘게 붙었다. 그래서 어떤 의뢰인들은 차라리 조합이 돈을 더 늦게 주기를 바라기도 한다.

상당한 자금이 필요하다

다만 부동산을 인도하고 근저당권 말소를 하려면 상당한 자금이 필요하다. 해당 건물을 인도해야 하므로 그 사이에 자신이 생활할 집을 구할 자금과 완전한 소유권을 이전하여야 하기 때문에 집에 설정된 저당권의 채무를 말소할 자금이 필요하다. 나중에 12%라는 고율의 이자가 나온다는 점을 감안한다면 현재 돈이 좀 부족할 경우 다른 대출로 일부를 충당하는 방법도 생각해볼 수 있다. 재건축 조합이 돈을 주지 않는 이유는 시공사가 선정되지 않았거나 장래의 사업추진상황이 불확실하기 때문이다. 그럴수록 매도청구소송에서 피고는 하루빨리 자신의 매매대금을 받아내야 한다. 나중에 분양신청기간 내에 분양신청하지 않음으로써 현금청산하는 사람들이 많아지면 조합은 그만큼 부담이 더 커져서 당초의 매도청구소송 피고에게 줄 매매대금마저 주기 어렵게 되기 때문이다.

현금청산자도 동일한 법리 적용

☰

위에서는 '조합설립에 미동의함으로써 매도청구의 상대방이 된 자'들을 대상으로 설명하였는데, 위의 논리는 '분양신청기간 내에 분양신청하지 않음으로써 현금청산자가 된 사람들'에 대해서도 똑같이 적용할 수 있다. 다만 이 경우는 조합이 소송을 걸어올 때까지 기다리지 않고 조합을 상대로 먼저 소송을 제기할 수 있다.

매도청구소송에서는 반소를 제기하여 두는 것이 좋다

☰

위에서 언급하였듯이 세 가지 의무이행을 한 후 이를 '내용증명'으로 조합에 보내면 단순히 5%의 이자가 가산될 뿐이다(이마저도 조합은 피고에게 집행권원이 확보되지 않았다고 하여 이자 지급을 거절할 가능성이 크다). 12%의 이자를 지급받으려면 토지등소유자 측에서 조합을 상대로 소송을 하여야 한다. 그러므로 당초에 조합이 제기한 매도청구소송이나 현금청산소송에서 아예 반소를 제기하고 위 세 가지 의무이행을 해두어 토지등소유자 측에서도 판결문을 받아두는 것이 좋다.

소송의 형태(재건축)

구분	조합이 소 제기	개인이 소 제기
매도청구	원고 vs. 피고 (조합)　(미동의자)	불가능
	반소 피고 vs. 반소 원고 (조합)　(미동의자)	
현금청산	원고 vs. 피고 (조합)　(분양신청 X)	원고 vs. 피고 (분양신청 X)　(조합)
	반소 피고 vs. 반소 원고 (조합)　(분양신청 X)	반소 피고 vs. 반소 원고 (분양신청 X)　(조합)

매매계약의 해제

　반소를 제기하는 방법 외에 아예 매매계약을 해제하는 것이 가능할까? 매도청구를 당한 뒤에 부동산을 넘겨주려고 하는데 조합이 전혀 돈을 주지 않는다면 한번 생각해볼 방법이기는 하다. 만약에 해제만 된다고 하면 조합은 다시 매도청구권을 행사하여야 하므로 꽤나 골치 아픈 일이 될 수 있다.

　그런데 내 부동산의 등기를 넘겨주고, 건물도 넘겨주기 위한 완벽한 준비를 하여야 하고, 조합에게 지속적으로 매매대금 지급을 요청하여 대금 지급 지체로 계약 해제까지 하여야 하는데, 사실상 쉬운 일이 아니다. 실제 상당한 사례에서 매매계약의 해지나 해제를 주장하는 경우가 많은데 대부분의 판례는 아직까지 매매계약 해제를 인정하는 것을 부담스러워 하는 듯하다. 해당 구역이 이미 이주가 완료되고, 철거 직전인데 한 곳만 계약이 해제되어 사업이 지연된다면 조합은 그 경제적 손실이 막대할 것인데 이런 점을 감안하면 계약을 해제하는 것이 쉽지 않은 것이다. 그래서 대부분의 조합은 이러한 경우 일정 금원을 더 주고서라도 해제를 막으려 한다. 따라서 건물도 다 철거했고, 등기 서류까지 다 넘겨줄 태세라면, 계약해제는 한번 생각해볼 방법이다.

보증금 못 받은 임차인 때문에
사업이 지연된다면

　재개발 재건축 구역 내에 있는 주택이나 상가 세입자들은 통상 관리처분인가 고시가 나면 정비사업의 시행을 위하여 이사를 해야 한다. 이사를 하지 않으면 조합이 세입자를 상대로 명도소송을 제기한다. 그런데 최근에는 임대인의 사정 때문에 세입자가 보증금을 반환받지 못하는 상황을 자주 보았다. 임차인들이 임대차보증금을 받지 못했다는 이유로 이주를 거부하면 조합은 그만큼 사업이 지연될 수 있다. 이런 임대차보증금의 문제를 해결할 수 있는 효과적인 방법에 대하여 도시정비법에 특별한 규정이 있다.

신속하고 효율적인 정비사업 시행과 임차인 보호

三

도시정비법 제70조 제1항은 "정비사업의 시행으로 인하여 지상권·전세권 또는 임차권의 설정목적을 달성할 수 없는 때에는 그 권리자는 계약을 해지할 수 있다"고 규정하고 있고, 또한 동조 제2항은 "제1항의 규정에 의하여 계약을 해지할 수 있는 자가 가지는 전세금·보증금 그 밖의 계약상의 금전의 반환청구권은 사업시행자에게 이를 행사할 수 있다"라고 규정하고 있다.

위 규정의 입법취지는 재개발 재건축 조합의 효율적인 사업시행을 도모하면서도, 강제로 이주하게 되는 임차인들의 정당한 권리를 두텁게 보호하고자 함에 있다. 위 규정을 근거로 세입자는 임대인뿐만 아니라 재개발 재건축 조합에 대하여도 직접 임대차보증금 등의 반환을 청구할 수 있다. 조합 입장에서도 임대차 보증금 때문에 곤란을 겪는 임차인들의 문제를 해결하면서도 신속한 사업시행을 진행할 수 있다는 점에서 위 규정은 매우 중요하다.

사업시행자는 토지등소유자에게 구상권을 행사할 수 있다

三

보증금을 반환해준 조합은 위 돈을 임대인인 토지등소유자에게 구상할 수 있다. 도시정비법 제70조 제3항과 제4항에 의하면 사업시행자가 세입자에게 보증금을 반환해줄 경우 건물소유자를 상대로 하여 구상권을 행사할 수 있고, 또한 토지등소유자에게 귀속될 대지 또는 건축물을 압류할 수도 있다. 압류할 경우 저당권과 같은 효과를 부여하기 때문에 우선변제권도 확보할 수 있다. 그러므로 위 규정이 시행자에게 반드시 불리한 규정이 아니며, 신속한 사업진행을 위하여 요긴하게 활용되기도 한다. 또한 건물소유자가 현금청산자일 경우에도 위 규정은 동일하게 적용된다. 사업시행자는 보증금을 지급한 이후 구상의 방법으로 현금청산자에게 지급해야 할 청산금에서 이를 공제하게 된다.

단, 무단전차인 등은 도시정비법 제70조 적용대상 아니다

정비구역 내 모든 세입자가 재개발 재건축 조합에 대하여 보증금반환을 청구할 수 있는 것은 아니다. 무단전차인(임대인의 허락 없이 임차인으로부터 무단으로 부동산을 전차한 자)은 도시정비법 제70조에 의한 보증금반환청구를 할 수 없다. 토지등소유자에게 보증금 반환청구를 할 수 있는 정당한 세입자만이 조합을 상대로 반환청구가 가능하다.

최근 대법원도 "이 사건 조항에 따라 임차권자가 사업시행자를 상대로 보증금 등의 반환을 구하려면, 임차권자가 토지등소유자에 대하여 보증금반환채권을 가지는 경우라야 한다"라고 판시하면서, 무단전차인은 조합에 대하여 보증금반환을 구할 수 없다는 취지로 판시하였다(대법원 2014. 7. 24. 선고 2012다62561 판결).

명도소송에서 임대차보증금과의 동시이행 항변

조합이 정비구역 내 임차인들을 상대로 명도소송을 제기할 때, 임차인들은 위 도시정비법 제70조 제2항에 의하여 임대차보증금을 받기 전까지 조합의 명도청구에 응할 수 없다고 항변하기도 한다. 정당한 임차인이면 법원은 조합의 명도청구에 대하여 임대차보증금 지급과 동시에 이행하라는 취지의 판결을 한다. 또한 세입자가 조합을 상대로 먼저 보증금반환청구 소송을 제기할 수도 있다. 만약 보증금반환의무에 대한 다툼이 거의 없을 경우 조합이 세입자에게 보증금을 즉시 지급하기도 한다. 도시정비법 제70조를 기억해서 조합은 신속한 사업진행을 도모하고, 임차인은 자신들의 보증금을 지키는 데 활용하길 바란다.

단지 내 상가 소유자가
재건축에 반대한다면

　일반적으로 아파트 단지 내에는 아파트뿐만 아니라 상가도 있다. 상가 소유자와 아파트 소유자는 부지 전체를 상호 공유하고 있다. 그런데 하나의 아파트 단지는 대개 하나의 정비구역으로 지정되기 때문에 갈등이 생긴다. 상가 소유자들은 재건축으로 인하여 영업이 중단되면 손실이 크기 때문에 그에 합당한 보상을 요구하고, 대부분의 아파트 소유자들은 이에 동의하지 않기 때문이다. 그래서 아파트 단지 내 상가 소유자들은 재건축에 반대하는 경우가 많다.

조합설립추진위원회의 대응

≡

그런데 상가 소유자들이 반대를 하면 조합설립동의요건(동별 과반수 동의)을 충족시킬 수 없다. 재건축조합을 설립하기 위해서는 주택단지 내 전체 구분소유자 4분의 3의 동의와 각 동별 구분소유자 과반수의 동의가 필요하다(도시정비법 제35조 제3항(구 도시정비법 제16조 제2항)). 상가 건물도 별개의 동이기 때문에 상가 소유자들이 반대하면 동별 동의요건 충족이 안 된다. 이러한 경우에 대비하여 도시정비법에 특례규정(도시정비법 제67조(구 도시정비법 제41조))이 있다. 빨리 조합을 설립하여 사업을 진행하고 싶은 재건축조합설립추진위원회는 위 규정에 따라 상가 소유자들을 상대로 토지분할청구소송을 제기할 수 있게 한 법이다.

도시정비법 제67조의 규정 내용

≡

도시정비법 제67조(구 도시정비법 제41조)는 아래와 같이 조합설립의 동의요건을 충족시키기 위하여 필요한 경우, 주택단지 안의 일부 토지에 대하여 토지분할을 청구할 수 있다고 규정한다. 즉, 전체 토지에서 재건축에 반대하는 상가 건물이 있는 부지를 분리해버리는 것이다. 그렇게 분리한 후 남은 토지만 재건축을 진행하면 된다. 다만 법원에 토지분할청구소송을 제기하기 전에 대상 토지 및 그 지상 건축물의 토지등소유자와 먼저 협의를 거쳐야 한다.

도시정비법

제67조(재건축사업의 범위에 관한 특례) ① 사업시행자 또는 추진위원회는 다음 각 호의 어느 하나에 해당하는 경우에는 그 주택단지 안의 일부 토지에 대하여 「건축법」 제57조에도 불구하고 분할하려는 토지면적이 같은 조에서 정하고 있는 면적에 미달되더라도 토지분할을 청구할 수 있다.

1. 「주택법」 제15조제1항에 따라 사업계획승인을 받아 건설한 둘 이상의 건축물이 있는 주택단지에 재건축사업을 하는 경우

2. 제35조제3항에 따른 조합설립의 동의요건을 충족시키기 위하여 필요한 경우

② 사업시행자 또는 추진위원회는 제1항에 따라 토지분할 청구를 하는 때에는 토지분할의 대상이 되는 토지 및 그 위의 건축물과 관련된 토지등소유자와 협의하여야 한다.

③ 사업시행자 또는 추진위원회는 제2항에 따른 토지분할의 협의가 성립되지 아니한 경우에는 법원에 토지분할을 청구할 수 있다.

---

④ 시장·군수 등은 제3항에 따라 토지분할이 청구된 경우에 분할되어 나가는 토지 및 그 위의 건축물이 <u>다음 각 호의 요건을 충족하는 때에는 토지분할이 완료되지 아니하여 제1항에 따른 동의요건에 미달되더라도 「건축법」 제4조에 따라 특별자치시·특별자치도·시·군·구(자치구를 말한다)에 설치하는 건축위원회의 심의를 거쳐 조합설립인가와 사업시행계획인가를 할 수 있다.</u>

1. 해당 토지 및 건축물과 관련된 토지등소유자의 수가 전체의 10분의 1 이하일 것

2. 분할되어 나가는 토지 위의 건축물이 분할선 상에 위치하지 아니할 것

3. 그 밖에 사업시행계획인가를 위하여 대통령령으로 정하는 요건에 해당할 것

토지분할소송 중에도 조합설립인가가 가능하다

三

소송에는 통상 몇 개월의 시간이 소요된다. 그런데 토지분할청구소송 중이라 하더라도 추진위원회는 조합을 설립할 수 있다. 도시정비법 제67조(구 도시정비법 제41조)는 토지분할청구를 할 때, 분할되

어 떨어져 나갈 토지 및 건축물에 관한 토지등소유자의 수가 전체의 10분의 1 이하일 것 등의 조건이 갖추어지면 토지분할이 완료되지 아니하여 동의 요건에 미달되더라도 건축위원회의 심의를 거쳐 조합설립인가와 사업시행인가를 할 수 있다고 규정한다. <u>간단히 말해서, 추진위원회가 토지분할소송만 제기해두면 재판이 끝나지 않더라도 바로 조합설립인가가 가능하다는 얘기다.</u>

토지분할 소송의 원고와 피고

토지분할소송의 원고는 추진위원회 또는 사업시행자(조합)다. 피고는 분할 대상인 토지와 건축물(통상 상가)의 소유자 전원이다. 조합설립 동의여부와는 관계없다. 이러한 소송이 제기된 경우, 피고가 된 상가 소유자는 먼저 관련자 모두가 피고가 된 것이 맞는지 확인할 필요가 있다. 도시정비법 제67조(구 도시정비법 제41조)는 기본적으로 민법상 공유물분할소송의 성격을 가지므로 고유필수적 공동소송이다. 고유필수적 공동소송이란 관련자 모두를 원고 또는 피고로 하여야만 적법해지는 소송을 말한다. 따라서 원고나 피고 중에 소유자가 누락되면 그 소는 부적법하여 각하된다.

송달 및 소요기간

⋮

현재까지의 판결례를 분석하여 보면, 피고의 수가 30~40명인 경우 송달에만 통상 8개월 이상이 소요되고 판결 선고까지 총 2년 정도가 걸린다. 최근에는 재판기간이 약간 단축되는 경향인데, 피고가 100명 정도인 경우 1심 판결 선고까지 약 1년 6개월에서 2년 정도 걸릴 것으로 예상된다. 그런데 토지분할소송은 고유필수적 공동소송이므로 1인이 항소하면 전원이 항소하는 것과 같은 효과가 발생하고 항소인이 다른 전원에게 송달하여야 하는 등 절차가 복잡하다. 그래서 항소하는 경우가 매우 드물고 대부분 1심 판결로 확정된다. 따라서 통상 3심까지 가는 다른 재판과는 달리 최종 확정에 이르는 기간은 오히려 적게 걸린다.

정비구역 분할 또는 변경의 필요성

⋮

토지분할은 어디까지나 조합설립의 편의와 소유관계를 정리하기 위한 것이므로 궁극적으로는 정비구역 변경 또는 분할이 필요하다. 분할되어 나갈 토지 및 건축물(상가)에 관한 토지등소유자의 수가 전체의 10분의 1을 넘는 경우에는 토지분할소송을 제기하더라도 곧바로 조합설립인가가 되지는 않으므로 정비구역분할 또는 변경이 이루어져야 조합설립이 가능하다. 이와 관련하여 도시정비법 제18조(구 도시정비법 제34조)에서는 '정비사업의 효율적인 추진을 위해서는 정비구역을 분할할 수 있다'고 규정하고 있다.

조합설립동의서를 다시 걷어야 하는가?

토지분할청구 및 정비구역변경이 발생한 경우, 새로운 조합설립동의서를 다시 걷어야 하는지가 문제로 대두된다. 최근 대법원 판결에서는 "토지분할을 전제로 한 새로운 조합설립동의서나 특별결의, 정관변경 등이 요구되지는 않는다"고 하면서 "사업 시행 과정에서 토지분할청구 및 정비구역의 변경이 있다고 해서 새로운 조합설립동의서를 다시 걷을 필요는 없다(대법원 2013. 12. 12. 선고 2011두12900 정비사업조합설립인가승인처분취소)"라고 판시하였다.

상가 및 토지분할 소송,
어떻게 대응할까

　아파트 재건축사업에서는 단지 내 상가 소유자들이 재건축에 반대해서 동별 동의요건을 충족하지 못하는 경우, 조합설립추진위원회가 원고가 되어 상가부분의 토지를 분할하는 소송을 제기할 수 있다고 앞서 설명하였다. 다음으로는 토지분할청구소송을 당하게 된 상가 소유자(피고)의 입장에서 대응 방법을 더 상세하게 설명하고자 한다.

상가는 재건축으로 많은 손해를 본다

아파트는 잠깐 옮겨 살아도 큰 문제가 없다. 번거롭긴 해도 다른 곳에서 전세를 살다가 다시 이사하면 된다. 그러나 상가 소유자는 자신의 직장에서 쫓겨나는 것이나 다름없다. 강제퇴직을 당한 후 다른 곳에서 다시 장사를 시작해야 한다. 상가는 그 인근의 거주 주민과 긴밀한 관계가 있고 상권이 형성되어 있어서 다른 곳에 가면 힘을 잃는다. 브랜드 인지도가 높은 상점이라면 다른 곳으로 이전하더라도 큰 문제가 없을 수 있다. 하지만 아파트 단지 내 상가는 세탁소, 부동산중개사사무소, 슈퍼마켓, 보습학원 등이어서 그 지역을 떠나면 별다른 힘을 못 쓰는 업종이 대부분이다. 이들에게 몇 년 동안 다른 곳으로 가서 장사하다가 다시 돌아오라는 것은 굶어죽으라는 얘기와 다를 바 없다. 당연히 이들은 재건축을 반대하는 경향이 있다. 이를 재건축 동의요건을 빌미로 한 발목잡기라고 하는 사람도 있지만 보는 시각에 따라 평가는 달라진다. 입장을 바꿔놓고 보면 전혀 다르게 보이기 때문이다. 물론 과도한 이익을 얻으려고 무리한 요구를 하면서 사업진행의 발목을 잡는 소위 '알박기' 행위도 있긴 하다.

동별 동의요건의 완화

≡

2016년 1월 27일부터 시행되고 있는 도시정비법에 따르면 현재 조합을 설립하기 위해서는 정비구역 내 전체 구분소유자 4분의 3의 동의와 함께 각 동별 토지등소유자 과반수의 동의를 받아야 한다(도시정비법 제35조 제3항(구 도시정비법 제16조 제2항)). 과거에는 동별 동의요건이 3분의 2 이상이었다. 이는 소수의 이익이 침해되지 않도록 하기 위한 요건이었으나, 이것이 재건축사업의 발목을 잡는다는 지적이 있어서 과반수 동의로 법이 개정되었다.

송달거부

≡

조합설립추진위원회가 토지분할소송을 제기한 경우, 만약 상가동의 소유자들이 50명 이상이면 이들에게 소장을 송달하는 데만도 1년 이상이 걸린다. 피고 전원에게 소장이 송달되어야만 비로소 변론기일이 열린다. 그러므로 재판 지연을 위해 피고들이 의도적으로 송달받는 것을 거부하는 방법도 있다. 가까스로 송달이 된 이후에는 변론기일이 약 3~4회 정도 열리며 조정절차도 진행된다. 이 사이에 조합은 사업시행인가까지 받을 수 있다. 문제는 관리처분계획인가다. 앞서 보았듯이 도시정비법 제67조 제4항(구 도시정비법 제41조 제4항)에 따르면 토지분할이 완료되기 전까지는 조합설립인가와 사업시행인가까지만 가능하므로 관리처분인가는 해줄 수가 없다. 토지분할소송만 제기해두면 사업시행인가까지만 가능하도록 한 것은 소 제기만으로는 정비구역 분할이 완료된 것이 아니기 때문이다. 그러므로 토지분할이 완료되어야만 재건축을 위한 최종계획인 관리처분계획인가가 가능하다. 토지분할이 완료되려면 토지분할 재판이 확정되어야 하고, 재판이 확정되려면 대법원 판결이 나오거나 도중에 항소나 상고를 포기해야 한다.

제1심 대응을 잘해야 한다

그런데 제1심 판결이 조합 측의 승소로 끝나버리면 피고들(상가 주민들)로서는 항소의 기회가 사실상 차단된다. 거액의 인지대 부담 때문이다. 토지분할소송은 공유물분할의 성질을 가지므로 재판이 원고와 피고 전원에 대하여 단일한 결론이 나와야 한다. 그러므로 제1심 판결 후 일부 피고가 항소를 포기하고 나머지 피고만 항소를 하려고 해도 전원이 항소할 때의 인지대를 내야 한다. 인지대는 분할대상이 되는 토지의 가액을 기준으로 한다. 서울 강남지역의 오래된 아파트 단지 내 상가에 대한 토지분할소송 제기 시 인지대가 4억 원인 경우가 있었다. 규모가 아주 큰 상가도 아니었다. 제1심에 서 피고들이 패소하였는데 피고 80명 중 70명이 항소를 포기하고 나머지 10명만 항소를 하고자 하였으나 10명이 80명 분의 인지대 를 모두 내야 하는 상황이 되었다. 바로 이 점 때문에 토지분할소송 은 <u>제1심이 매우 중요하다. 제1심에서 제대로 된 대응을 하지 못하 면 소송에서 패소할 뿐만 아니라 항소할 여지마저 없어지기 때문이 다.</u> 제1심에서의 대응 방법은 원고의 토지분할청구 자체를 기각시 키기 위해 노력하는 방법이 있고, 분할청구가 인용될 경우에 대비하 여 땅값을 잘 받기 위해서 감정평가를 시도하는 방법이 있다.

분할 전의 지분가치와 분할 후의 토지가치가 다를 수 있다 → 감정평가를 해봐야 한다

≡

상가 소유자들이 법적으로 가지고 있는 토지지분은 아파트와 상 가 전체를 포괄하는 토지이고 그중에 일부 지분을 가지고 있는 것 이다. 그런데 그 전체에 미치는 지분이 상가 건물의 지반토지로 분 할되어 나가는 것이므로 분할 전과 분할 후의 토지가격에는 엄연히 차이가 나게 된다.

상가가 도로에 인접해 있다면 토지분할로 상가주민들이 이득을 보는 경우도 있지만, 상가 건물의 지반토지로 분할되어서는 그 이후의 가치가 오히려 하락하는 경우도 있다. 즉, 아파트 안쪽 깊숙한 곳에 있어서 독립상가로서의 가치가 없어질 수도 있다. 이런 경우에는 재판 도중에 토지 감정평가를 해서 땅값을 제대로 받아야 한다. 이를 교환가치 차액금이라고 하는데, 이를 위한 토지 감정평가가 꼭 필요하다.

강남의 어느 재건축조합에서는 이 토지분할소송에서 서로 주고받는 토지에 대한 가치 차이를 계산해서 토지분할과 함께 금액을 주고받았다. 분할되어 나가는 상가 소유자들이 아파트 소유자들한테 돈을 더 받게 된 것이다. 토지분할소송에서는 측량감정을 하는데, 이는 어느 부분을 기준으로 하여 공유상태의 토지를 분할할 것인지의 문제다. 측량감정은 대부분 한다. 하지만 토지 시가의 차이에 대한 감정평가를 하지 않는 경우가 많았다. 전문 변호사라면 반드시 이 사실을 지적한다.

분산상가의 문제

≡

큰 아파트 단지는 상가가 여러 곳으로 분산되어 있다. 슈퍼마켓과 세탁소 등이 있는 상가 1동, 유치원과 학원 등이 있는 상가 2동 이런 식이다. 도시정비법 제35조 제3항(구 도시정비법 제16조 제2항)은 분산상가라고 하더라도 단지 내 상가 전체를 하나의 동으로 보도록 규정하고 있다. 주상가와 분산상가 전체를 하나의 동으로 보고, 전체 상가 소유자를 기준으로 동의요건을 따져야 한다는 것이다. 위 기준에 따르면 분산상가와 주상가가 있는 단지에서 상가를 제척(정비구역에서 상가를 제외하는 것)하고자 한다면, 분산상가와 주상가 모두를 제척해야 논리적으로 타당하다. 그러나 최근 서울중앙지방법원에서는 분산상가는 분할하지 않고 주상가만 분할하는 것도 가능하다는 판결을 내렸다. 이 판결의 타당성에 대해서는 아직 의문이 많이 남는다. 도시정비법 제67조(구 도시정비법 제41조)에서는 토지의 '일부'를 제척할 수 있다고 하고 있으나 이는 전체 정비구역 토지 중 일부를 제척한다는 의미이지 제척 대상 토지 중 일부만을 임의로 추진위원회 측이 골라서 분할 대상으로 삼을 수 있다는 의미가 아니기 때문이다. 이에 관한 대법원 판례는 아직 없다.

1심에서 이겨야 한다

三

토지분할소송은 매우 특수한 소송이기 때문에 이를 잘 알고 있는 변호사가 드문 편이다. 단순한 공유물분할과는 확연히 다르다. 교환가치 차액금 산정을 위한 감정평가를 시도하고, 교환가치 차액금을 받도록 하는 과정, 관리처분인가가 나오지 못하도록 하는 과정에서 변호사의 경험에 따른 차이가 크게 드러난다. 특히 1심부터 전문 변호사가 선임된 경우와 그렇지 않은 경우, 그 결과는 하늘과 땅만큼 차이가 날 수 있다. 제1심 판사들은 애매한 사건을 다룰 때 '억울하면 항소하든가' 하는 생각을 가지고 있는 것 같다. 그러나 피고들은 인지대가 없어서 항소를 못한다. 특히 공유물분할소송인 토지분할소송에서는 인지대가 기본적으로 수억 원이다. 이런 상황이라면 1심에서 최대한 유리한 판결을 받아내야 한다.

정비사업 협력업체 계약 시
'추정가격'에 부가세 포함될까

재개발 재건축 조합이 다른 업체들과 공사, 용역, 물품구매, 제조 등의 용역계약을 체결할 때는 도시정비법과 시행령 그리고 국토교통부 장관이 고시한 「정비사업 계약업무 처리기준(약칭: '계약업무 처리기준')」을 준수하여야 한다. 그리고 도시정비법 시행령 제24조에 규정된 '추정가격'의 구분에 따라 사업시행자는 경쟁입찰 또는 수의계약으로 업체선정 및 계약을 체결할 수 있다.

그런데 위 '추정가격'이 무엇을 의미하는지에 대하여 도시정비법이나 시행령 또는 계약업무 처리기준에 명시되어 있지 않으며, 위 '추정가격'에 부가가치세가 포함되는지 여부에 대해서도 명확한 규정이 없다. 더구나 '추정가격'의 의미나 산정방법에 대하여 아직까지 법원의 구체적인 해석도 찾아보기 어렵다.

그러다 보니 재개발 재건축 조합에서는 계약을 체결할 업체를 선정할 때 일정한 추정가격에 대하여 입찰절차로 진행해야 하는지, 수의계약으로 할 수 있는지에 대하여 혼란이 있다.

'추정가격 5천만 원인 제조·구매·용역 등 계약', 수의계약으로 가능할까?

예를 들어, 도시정비법 시행령 제24조 제1항 제2호 라목에서는 '추정가격 5천만 원 이하 물품의 제조, 구매, 용역, 그 밖의 계약인 경우에는 재개발 재건축 조합과 수의계약을 할 수 있다'라고 규정하고 있다. 그런데 '추정가격 5천만 원 이하'라는 말이 부가가치세를 포함시킨 금액인지, 아니면 부가가치세는 별도로 하고 원래의 공급가액만을 기준으로 하는 것인지가 문제가 될 수 있다. 즉, 위 기준상의 '추정가격'의 의미에 부가가치세를 포함시켜 해석하면, 〈입찰가격이 정확히 5천만 원이고 부가세는 별도인 계약〉은 추정가격이 5천500만 원이 되므로 수의계약이 불가능하다. 그러나 '추정가격'에 부가가치세가 포함되지 않는다고 해석하는 경우에는 〈입찰가격이 정확히 5천만 원이고 부가세는 별도인 계약〉은 추정가격이 5천만 원이 되므로 수의계약이 가능해진다..

최근 국토교통부는 의미 있는 유권해석을 내놓았는데, 이에 따르면 '추정가격 5천만 원(부가세 별도)인 용역계약'도 수의계약으로 가능하다.

국토교통부 유권해석 – '추정가격'에 부가가치세는 포함되지 않는다

三

국토교통부는 "도시정비법령에 따른 '추정가격'에 부가가치세는 포함되지 않는다"라는 취지로 유권해석을 하였다. 그 근거로 「국가를 당사자로 하는 계약에 관한 법률(약칭: '국가계약법')」 시행규칙에서 추정가격과 부가가치세를 별도로 보고 있다는 점을 들었다.

즉, 국가계약법 시행규칙 제2조 제2호는 '추정금액'의 정의를 규정하고 있는데, "'추정금액'이라 함은 공사에 있어서 국가계약법 시행령 제2조 제1호에 따른 추정가격에 「부가가치세법」에 따른 부가가치세와 관급재료로 공급될 부분의 가격을 합한 금액을 말한다"라고 함으로써 추정가격과 부가가치세가 구분되며, 도시정비법 시행령의 '추정가격'도 위 국가계약법 시행규칙과 동일하게 보아야 한다는 것이다.

국토교통부 유권해석의 타당성

三

　국가계약법과 도시정비법은 서로 다른 법률이지만, '추정가격'과 관련된 규정들은 양 법률 모두 경쟁입찰이나 수의계약과 관련된 내용이라는 점에서 국가계약법 시행규칙에 규정된 추정가격의 개념을 도시정비법 시행령에 규정된 추정가격의 개념에 유추적용하는 것이 타당해 보인다.

　더구나 국가계약법 시행령 제30조 제6항도 "제1항 또는 제2항에 따라 제출받은 견적서에 기재된 견적가격이 예정가격(제7조의 제2항에 따라 예정가격 작성을 생략한 경우에는 추정가격에 부가가치세를 포함한 금액을 말한다)의 범위에 포함되지 아니하는 경우 등 계약상대자를 결정할 수 없는 때에는 다시 견적서를 제출받아 계약금액을 결정하여야 한다"라고 규정함으로써 추정가격과 부가가치세를 구분하고 있다.

　그렇다면 국토교통부가 도시정비법 시행령에 규정된 '추정가격'에 부가가치세는 포함되지 않는다고 해석한 것은 위 국가계약법 시행규칙에 따른 것이며, 국가계약법 시행령에 따르더라도 지극히 타당한 해석이다.

조합원의 정보공개 요청,
어떻게 처리할까

　재개발 재건축 구역의 조합원들은 조합임원이 조합 사업비를 얼마나 집행하고 있는지, 동의율이 적법하게 산정된 것인지, 자신의 종전자산평가금액이 어떻게 산정된 것인지 등에 대하여 매우 궁금해한다.

　도시정비법 제124조는 위와 같은 정보에 대한 조합원의 알권리를 보장하기 위하여, 조합원이 정비사업 관련 자료의 열람과 복사를 조합에 요청할 수 있도록 규정하고 있다.

　뿐만 아니라 조합원들이 별도로 열람과 복사를 요청하지 않더라도 공개할 의무가 있는데, 요청을 한 경우에 공개하지 않으면 처벌받는 것은 알고 있어도 무조건 공개하여야 하는 것은 모르는 경우

가 많아, 공개를 하지 않거나 뒤늦게 공개하여 처벌받는 경우가 종
종 있다.

정보공개요청, 사용목적 등을 기재하여 서면으로 해야 한다

≡

정보공개요청과 관련하여 도시정비법 시행규칙 제22조는 토지
등소유자 또는 조합원의 열람 · 복사 요청은 사용목적 등을 기재하
여 서면으로 하여야 한다고 규정하고 있다. 사용목적을 기재하지 않
거나 구두요청만으로는 불가능하다. 법제처도 "토지등소유자 또는
조합원의 열람 · 등사 요청은 사용목적 등을 기재한 서면 또는 전자
문서로 하여야 하는데, 위 서면 또는 전자문서에 사용목적이 기재되
지 않은 경우 사업시행자 등은 열람 · 등사 요청에 응하지 않아도 된
다고 할 것이다"라고 유권해석을 한 바 있다.

적법한 정보공개요청에 대하여 15일 이내에 응해야 한다

≡

적법한 정보공개요청이 접수되면 조합의 임원은 '15일' 이내에
그 요청에 따라야 한다. 만약 사용목적 등의 기재 없이 열람 · 복사

요청을 한 경우, 조합에서는 위 도시정비법 시행규칙 제22조에 근거하여 '사용목적' 등을 기재한 서면의 '보완'을 요청할 수 있으며, 사용목적 등이 보완된 후에 열람·복사를 해줄 수 있다.

공개대상의 범위가 불명확

≡

조합총회, 대의원회 등 각종 회의자료를 비롯하여 조합원 명부, 토지등소유자 명부도 공개대상 자료에 포함되어 있다. 조합원들이 가장 관심을 가지고 있는 종전자산평가의 내역도 공개대상이다. 다만, 도시정비법은 개인정보 보호를 위하여 공개 범위에서 개별 조합원의 주민등록번호는 제외하라고 규정하고 있다.

한편, 조합원 총회의 참석자 명부와 서면결의서가 공개대상 자료에 해당하는지 논란이 되기도 하였는데 최근 대법원은 공개대상 자료에 포함된다고 판시한 바 있다(대법원 2012. 2. 23. 선고 2010도8981 판결). 사실상 정비사업 관련 대부분의 자료가 공개 및 열람 복사 대상이다.

이외에도 법은 관련 자료까지 공개대상으로 보고 있기 때문에 의사록, 공문서, 월별 자금의 입출금 세부내역과 관련한 자료의 범위를 어디까지 볼 것인가 문제가 많다. 최근의 추세로는 뭐 이런 것까

지 공개해야 하나라고 생각되는 모든 자료가 공개대상에 포함된다
고 볼 가능성이 높기 때문에 주의를 요한다.

정보공개의무 불이행하는 조합임원은 형사처벌 대상

Ξ

만약 조합임원 등이 적법한 열람복사요청을 받았는데 15일 이내
에 이를 거부하거나 또는 허위자료를 제공했을 경우에는 형사처벌
을 받게 된다. 열람·복사를 거부할 경우 1년 이하의 징역 또는 1천
만 원 이하의 벌금에 처해지며, 만약 허위사실이 포함된 자료를 제
공할 경우 2년 이하의 징역 또는 2천만 원 이하의 벌금에 처하게 된
다. 특히 조합임원이 도시정비법을 위반하여 100만 원 이상의 벌금
에 처할 경우 당연퇴직 사유에 해당하기 때문에, 자료 열람 및 복사
요청이 접수될 경우 신중하게 검토하여 처리하여야 한다.

우편, 팩스, 이메일 등으로 제공해야 한다

Ξ

최근 대법원은 "조합임원은 조합원에게 열람·복사 방법을 서면
으로 통지하도록 규정하여 개별 조합에게 열람·복사의 방법을 구

체적으로 정할 수 있도록 재량권을 주고 있다. 그럼에도 개별 조합에서 열람·복사의 방법을 특정하지 않았다면 현장교부 외에도 통상의 방법인 우편, 팩스 또는 정보통신망 중 어느 하나의 방법을 이용하여 열람·복사 요청에 응하여야 한다고 해석함이 타당하다"라고 판시하였다(대법원 2018. 4. 26. 선고 2016도13811 판결).

그러므로 만약 조합에서 열람·복사 방법을 정해놓지 않았을 경우에는 15일 이내에 현장 열람·복사 방법 이외에 우편, 팩스, 이메일 등의 방법을 통해서 요청 대상 자료를 제공해야 한다.

도시정비법

제124조(관련 자료의 공개 등) ① 추진위원장 또는 사업시행자(조합의 경우 청산인을 포함한 조합임원, 토지등소유자가 단독으로 시행하는 재개발사업의 경우에는 그 대표자를 말한다)는 정비사업의 시행에 관한 다음 각 호의 서류 및 관련 자료가 작성되거나 변경된 후 15일 이내에 이를 조합원, 토지등소유자 또는 세입자가 알 수 있도록 인터넷과 그 밖의 방법을 병행하여 공개하여야 한다.

1. 제34조제1항에 따른 추진위원회 운영규정 및 정관 등
2. 설계자·시공자·철거업자 및 정비사업전문관리업자 등 용역업

체의 선정계약서

3. 추진위원회·주민총회·조합총회 및 조합의 이사회·대의원회의 의사록

4. 사업시행계획서

5. 관리처분계획서

6. 해당 정비사업의 시행에 관한 공문서

7. 회계감사보고서

8. 월별 자금의 입금·출금 세부내역

9. 결산보고서

10. 청산인의 업무 처리 현황

11. 그 밖에 정비사업 시행에 관하여 대통령령으로 정하는 서류 및 관련 자료

② 제1항에 따라 공개의 대상이 되는 서류 및 관련 자료의 경우 분기별로 공개대상의 목록, 개략적인 내용, 공개장소, 열람·복사 방법 등을 대통령령으로 정하는 방법과 절차에 따라 조합원 또는 토지등소유자에게 서면으로 통지하여야 한다.

③ 추진위원장 또는 사업시행자는 제1항 및 제4항에 따라 공개 및 열람·복사 등을 하는 경우에는 주민등록번호를 제외하고 국토교통부령으로 정하는 방법 및 절차에 따라 공개하여야 한다.

④ 조합원, 토지등소유자가 제1항에 따른 서류 및 다음 각 호를 포함하여 정비사업 시행에 관한 서류와 관련 자료에 대하여 열람·복사 요청을 한 경우 추진위원장이나 사업시행자는 15일 이내에 그 요청에 따라야 한다.

1. 토지등소유자 명부
2. 조합원 명부
3. 그 밖에 대통령령으로 정하는 서류 및 관련 자료

⑤ 제4항의 복사에 필요한 비용은 실비의 범위에서 청구인이 부담한다. 이 경우 비용납부의 방법, 시기 및 금액 등에 필요한 사항은 시·도 조례로 정한다.

⑥ 제4항에 따라 열람·복사를 요청한 사람은 제공받은 서류와 자료를 사용목적 외의 용도로 이용·활용하여서는 아니 된다.

조합임원 해임절차

　재개발 재건축 사업은 끊임없이 분쟁이 생기는 곳이고 위법행위를 저지르는 조합집행부도 간혹 있다. 이에 대하여 조합원들은 집행부를 도시정비법과 형법 위반으로 고발도 하고, 각종 총회결의 무효소송이나 직무집행정지 신청을 해보지만 쉽게 인정되기 어렵다. 게다가 조합원들이 총회결의 무효확인 소송에서 승소하더라도, 집행부는 곧바로 변경총회를 열고 서면결의서를 통해 의결하므로 실효성도 적다. 그래서 임원들의 해임을 시도하는 경우도 있다. 다만 해임을 위한 임시총회는 시간과 돈이 매우 많이 들고, 한 번 잘못되면 그 모든 노력이 헛수고로 돌아갈 수 있다. 따라서 매 과정마다 각종 서식 작성과 우편물 발송 방법, 반송 시 처리 방법 등도 하나하나 전문가의 도움을 받는 것이 좋다. 그래야 시간과 노력을 절약하면서 원하는 결과를 얻을 수 있다.

1. 개설

도시정비법상 주택재건축정비사업조합의 조합임원이 직무유기, 태만, 부정 또는 관계법령 및 정관 등을 위반하여 조합에 부당한 손실을 초래한 경우 조합은 임원 해임을 위한 총회의결을 거쳐 해당 임원을 해임할 수 있다. 원칙적으로 조합총회는 조합장 직권 또는 조합원 5분의 1 이상 또는 대의원 3분의 2 이상의 요구로 조합장이 소집한다(도시정비법 제44조 제2항(구 도시정비법 제24조 제2항)). 그런데 조합임원의 해임은 위 조항에도 불구하고 조합원 10분의 1 이상의 발의로 소집된 총회에서 할 수 있다. 의결에는 조합원 과반수의 출석과 출석 조합원 과반수의 동의가 필요하다. 이 경우 발의자 대표로 선출된 자가 해임 총회의 소집 및 진행에 있어 조합장의 권한을 대행한다(도시정비법 제43조 제4항(구 도시정비법 제23조 제4항)). 위 도시정비법 제43조 제4항은 도시정비법 제44조의 특칙이어서, 본래의 규정인 도시정비법 제44조 제2항에 의한 임시총회나 정기총회에서 임원을 해임하는 것도 가능하다. 그러므로 도시정비법 제44조 제2항에 따라 조합장이 소집한 임시총회에서 해당 임원을 해임할 수도 있다. 다만, 이 경우에도 해임의결 정족수는 도시정비법 제43조 제4항의 요건(즉, 조합원 과반수 출석과 출석 조합원 과반수 동의)을 충족하여야 한다.

2. 도시정비법상 조합임원의 해임에 관한 법 규정

도시정비법

제43조(조합임원의 결격사유 및 해임)

④ 조합임원은 제44조 제2항에도 불구하고 조합원 10분의 1 이상의 요구로 소집된 총회에서 조합원 과반수의 출석과 출석 조합원 과반수의 동의를 받아 해임할 수 있다. 이 경우 요구자 대표로 선출된 자가 해임 총회의 소집 및 진행을 할 때에는 조합장의 권한을 대행한다.

제44조(총회의 소집)

① 조합에는 조합원으로 구성되는 총회를 둔다.

② 총회는 조합장이 직권으로 소집하거나 조합원 5분의 1 이상 또는 대의원 3분의 2 이상의 요구로 조합장이 소집한다.

③ 제2항에도 불구하고 조합임원의 사임, 해임 또는 임기만료 후 6개월 이상 조합임원이 선임되지 아니한 경우에는 시장·군수 등이 조합임원 선출을 위한 총회를 소집할 수 있다.

④ 제2항 및 제3항에 따라 총회를 소집하려는 자는 총회가 개최되기 7일 전까지 회의 목적·안건·일시 및 장소를 정하여 조합원에게 통지하여야 한다.

⑤ 총회의 소집 절차·시기 등에 필요한 사항은 정관으로 정한다.

3. 「주택재건축정비사업조합 표준정관」상 조합임원의 해임에 관한 규정 이하는 국토해양부가 고시한 주택재건축정비사업조합 표준정관(이하 '재건축 표준정관')의 내용 중 임원 해임에 관한 규정이다. 만약 자신이 소속되어 있는 조합의 정관 내용이 표준정관의 내용과 다르다면 소속 조합의 정관 내용에 따라야 한다.

3. 주택재건축정비사업조합 표준정관

제18조(임원의 해임 등)

① 임원이 직무유기 및 태만 또는 관계법령 및 이 정관에 위반하여 조합에 부당한 손해를 초래한 경우에는 해임할 수 있다. 이 경우 사전에 해당 임원에 대해 청문 등 소명기회를 부여하여야 하며, 청문 등 소명기회를 부여하였음에도 이에 응하지 아니한 경우에는 소명기회를 부여한 것으로 본다. 다만, 제17조 제2항의 규정에 의하여 당연 퇴임한 임원에 대해서는 해임절차 없이 그 사유가 발생한 날로부터 그 자격을 상실한다.

② 임원이 자의로 사임하거나 제1항의 규정에 의하여 해임되는 경우에는 지체 없이 새로운 임원을 선출하여야 한다. 이 경우 새로 선

임된 임원의 자격은 시장·군수의 조합설립변경인가 및 법인의 임원변경등기를 하여야 대외적으로 효력이 발생한다.

③ 임원의 해임은 조합원 10분의 1 이상 또는 대의원 3분의 2 이상의 발의로 조합장(조합장이 해임 대상인 경우는 발의자 공동명의로 한다)이 소집한 총회에서 조합원 과반수의 출석과 출석조합원 과반수의 동의를 얻어 해임할 수 있다. 조합장이 해임 대상인 경우 발의자 대표의 임시 사회로 선출된 자가 그 의장이 된다.

④ 제2항의 규정에 의하여 사임하거나 또는 해임되는 임원의 새로운 임원이 선임, 취임할 때까지 직무를 수행하는 것이 적합하지 아니하다고 인정될 때에는 이사회 또는 대의원회 의결에 따라 그의 직무수행을 정지하고 조합장이 임원의 직무를 수행할 자를 임시로 선임할 수 있다. 다만, 조합장이 사임하거나 퇴임·해임되는 경우에는 제16조 제6항을 준용한다.

제20조(총회의 설치)

② 총회는 정기총회·임시총회로 구분하며 조합장이 소집한다.

④ 임시총회는 조합장이 필요하다고 인정하는 경우에 개최한다. 다만, 다음 각 호의 1에 해당하는 때에는 조합장은 해당일로부터 2월 이내에 총회를 개최하여야 한다.

1. 조합원 5분의 1 이상이 총회의 목적사항을 제시하여 청구하는 때

2. 대의원 3분의 2 이상으로부터 개최요구가 있는 때

⑤ 제4항의 각호의 규정에 의한 청구 또는 요구가 있는 경우로서 조합장이 2월 이내에 정당한 이유 없이 총회를 소집하지 아니하는 때에는 감사가 지체 없이 총회를 소집하여야 하며, 감사가 소집하지 아니하는 때에는 제4항 각호의 규정에 의하여 소집을 청구한 자의 공동명의로 이를 소집한다.

⑥ 제2항 내지 제5항의 규정에 의하여 총회를 개최하거나 일시를 변경하는 경우에는 총회의 목적·안건·일시·장소·변경사유 등에 관하여 미리 이사회의 의결을 거쳐야 한다. 다만, 제5항의 규정에 의한 조합장이 아닌 공동명의로 총회를 소집하는 경우에는 그러하지 아니하다.

⑦ 제2항 내지 제5항의 규정에 의하여 총회를 소집하는 경우에는 회의개최 14일 전부터 회의목적·안건·일시 및 장소 등을 게시판에 게시하여야 하며 각 조합원에게는 회의개최 7일 전까지 등기우편으로 이를 발송, 통지하여야 한다.

⑧ 총회는 제7항에 의하여 통지한 안건에 대해서만 의결할 수 있다.

제21조(총회의 의결사항)

다음 각 호의 사항은 총회의 의결을 거쳐 결정한다.

8. 조합임원 및 대의원의 선임 및 해임(임기 중 궐위된 자를 보궐선임하

는 경우 제외한다)

제22조(총회의 의결방법)

① 총회는 법, 이 정관에서 특별히 정한 경우를 제외하고는 조합원 과반수 출석으로 개의하고 출석조합원의 과반수 찬성으로 의결한다.

② 제1항의 규정에 불구하고 다음 각 호에 관한 사항은 조합원 과반수 출석과 출석조합원 3분의 2 이상의 찬성으로 의결한다.

1. 정관 제○조, 제○조 제○항의 개정 및 폐지에 관한 사항

2.

3.

③ 조합원은 서면 또는 제10조 제2항 각호에 해당하는 대리인을 통하여 의결권을 행사할 수 있다. 서면 행사하는 경우에는 제1항 및 제2항의 규정에 의한 출석으로 본다.

④ 조합원은 제3항의 규정에 의하여 출석을 서면으로 하는 때에는 안건내용에 대한 의사를 표시하여 총회 전일까지 조합에 도착되도록 하여야 한다.

⑤ 조합원은 제3항의 규정에 의하여 출석을 대리인으로 하고자 하는 경우에는 위임장 및 대리인 관계를 증명하는 서류를 조합에 제출하여야 한다.

4. 조합임원의 해임을 위한 임시총회 소집절차 및 의결 등에 관하여

가. 소집사유

위 규정들에 의하면 ① 도시정비법 제43조 제4항에 따라 조합원 총 수의 10분의 1 이상의 발의로 조합임원의 해임을 요구하거나 ② 표준정관 제18조 제3항에 의하여 대의원 3분의 2 이상의 발의로 임원의 해임을 요구하는 때에는 조합장이 임시총회를 소집하여 조합임원의 해임을 의결할 수 있다.

나. 소집권자

① 임원 해임 발의자 대표로 선출된 자: 조합임원 해임을 위한 임시 총회는 도시정비법 제44조에 의한 임시총회보다 완화된 제43조 제4항이 적용된다. 그리고 이 경우에는 발의자 대표로 선출된 자가 해임 총회의 소집 및 진행에 있어 조합장의 권한을 대행하게 되므로, 발의자 대표가 직접 총회를 소집하고 총회를 진행하면 된다.

② 조합장: 도시정비법 제44조 제2항 또는 재건축 표준정관 제18조 제3항에 따를 경우 조합장이 소집하여 총회를 진행하면 된다.

다. 소집절차

표준정관 제20조 제7항에 따르면, 총회를 소집하는 경우에는 회의 개최 14일 전부터 회의목적·안건·일시 및 장소 등을 게시판에

게시하여야 하며 각 조합원에게는 회의 개최 7일 전까지 등기우편으로 이를 발송, 통지하여야 한다.

라. 총회의결 방법 및 정족수

의결정족수와 관련하여 도시정비법 제43조 제4항 또는 재건축 표준정관 제18조 제3항에 의하면 조합원 과반수 출석으로 개의하고 출석조합원의 과반수 찬성으로 해임할 수 있도록 규정되어 있다. 서면결의에 의한 방법도 가능한데, 이 경우 '총회 전일'까지 위 서면 결의서가 조합에 도착되도록 하여야 한다(재건축표준정관 제22조 제4항). 도시정비법 제45조 제6항에서는 총회에서 의결하는 경우에는 조합원의 100분의 10 이상이 직접 출석하여야 한다고 규정하고 있다. 그러나 대법원 2014. 9. 4. 선고 2012다4145 판결은 도시정비법 제43조 제4항에 따라 소집된 해임총회에서는 위와 같은 요건이 필요하지 않다고 판시하였다.

마. 해임 대상 임원에 대한 사전 소명기회 부여

재건축 표준정관 제18조 제1항은 '사전에' 해당 임원에 대해 청문 등 소명기회를 부여하여야 한다고 규정하고 있으므로, 임시총회 개최를 하기 전에 미리 해당 임원에게 청문 등 소명기회를 반드시 주어야 한다. 다만, 청문 등 소명기회를 부여하였음에도 이에 응하지 아니한 경우에는 소명기회를 부여한 것으로 본다.

5. 관련 쟁점

가. 정관에 없는 해임사유로 조합임원을 해임할 수 있는지 여부

도시정비법 제43조 제4항은 '조합임원은 제44조 제2항에도 불구하고 조합원 10분의 1 이상의 요구로 소집된 총회에서 조합원 과반수의 출석과 출석 조합원 과반수의 동의를 받아 해임할 수 있다. 이 경우 요구자 대표로 선출된 자가 해임 총회의 소집 및 진행을 할 때에는 조합장의 권한을 대행한다'라고 규정하여 해임사유에 관한 특별한 규정은 없다. 다만 최근 서울 고등법원을 비롯하여 하급심 판결들 중에는 정관이 정하고 있는 해임사유가 있는지 여부를 불문하고 조합원 총회에서 조합임원의 해임을 결의할 수 있다고 보는 것이 맞다는 취지의 판결이 있다(서울 고등법원 2014. 6. 20. 선고 2013나79797 판결 참조).

나. 조합임원 해임을 위한 총회를 개최할 때 법원의 허가가 필요한지 여부

이에 대해서도 하급심 판결들 중에는 법원의 소집허가가 필요하다는 판결과 필요하지 않다는 판결로 엇갈리는 태도를 보여 왔다.

그런데 최근 서울고등법원에서는 법원의 허가 없이도 임원 해임 총회를 소집할 수 있다는 판시를 하였고(서울고등법원 2011라856, 심리불속행 기각 확정), 이후 하급심 판결들도 점차 위 고등법원의 결정에 따라가는 추세다. 아직 뚜렷한 대법원 판결이 없지만, 최근 하급심은 법원의 허가 없이도 임원 해임 총회가 가능하다는 판결이 주류를 이루고 있다.

법원의 허가를 받아 총회를 개최하는 것은 민법 제70조 제3항에 따르는 것인데 그와 다른 요건으로 정관이나 내부 규약에서 정했다고 하더라도 정관만으로는 법원의 소집허가를 구하는 법적 근거가 될 수 없다고 판시하기도 했다(수원지방법원 안양지원 2017비합1008).

한편 임원 해임을 위한 소집허가가 이루어진 경우, 총회에서 임원들이 해임될 가능성이 많기 때문에 임원들은 어떻게든 총회를 막으려고 할 것이다. 이때 법원이 결정한 소집허가는 비송사건절차법상 취소할 수가 없기 때문에 이를 다투고자 한다면 해당 총회를 미리 막는 총회개최금지가처분을 하여야 한다.

다. 임원 해임과 동시에 선임이 가능할까

조합장 해임을 위한 총회는 선임을 위한 총회와 개최를 위한 요건과 절차가 서로 다르기 때문에 사실상 거의 불가능하다. 특히나 발의자 대표가 소집한 총회는 개최를 위한 요건이 1/10로 그 요건이 완화되어 있기 때문에 1/10의 동의만으로는 선임 총회가 불가능하다. 또한 조합장이 직접 발의한다면 가능할 수 있겠지만, 해임되는 조합장이 순순히 총회를 개최할 리 없기 때문이다. 그러나 이미 조합장이 직무집행정지가 되어 있고, 선관위가 이미 구성되어 있는 경우에는 선임 총회 개최를 위한 요건을 갖추면 가능할 여지도 있다고 본다.

3장

남는 사람과 떠나는 사람의
동상이몽

사업시행계획인가란

조합은 사업시행계획을 수립하여 인가를 받아야 한다(도시정비법 제50조(구 도시정비법 제28조)). 사업시행계획인가는 대규모 건축허가라고 생각하면 된다. 새로 지을 아파트는 몇 층인지, 각 층의 높이는 어떠한지, 몇 세대인지, 모양은 어떤지 등을 정하여 허가를 받는 것이다. 도시정비법 제52조(구 도시정비법 제30조)는 사업시행계획서에 포함되어야 할 사항으로 토지이용계획, 임대주택 건설계획, 건축물 배치계획, 건축물 높이 및 용적률 등에 관한 건축계획 등을 규정하고 있다. 이중에서 핵심은 건축물 높이 및 용적률 등에 관한 건축계획이다. 서울시는 이에 더해 통풍, 미관까지 고려한다. 조합은 위와 같은 사항을 포함한 사업시행계획서를 작성하여 시장 또는 군수의

인가를 받아야 한다. 사업시행계획은 사업성을 좌우한다. 많이 짓고, 층수가 높아야 하고, 건물구조와 전망도 좋아야 일반분양이 잘 되기 때문이다. 일반분양이 잘 되면 돈을 적게 써도 되므로 조합원들에게도 좋다.

서울시는 사업시행계획인가 후에 시공사를 선정한다

서울시의 경우는 조례에 따라 사업시행계획인가를 받은 후에 시공사를 선정하여야 한다. 건축계획이 나와야 평당 사업비가 얼마인지 산출할 수 있기 때문에 시공사 선정 과정에서의 불확실함과 그에 따른 혼탁함을 줄일 수 있다는 논리다. 이를 반대하는 사람들은 사업이란 원래 불확실한 것이라고 주장한다. 시공사가 선정되기 전에는 조합에 돈이 없고 시공사가 선정되어야 조합에 돈이 돌기 때문에, 어차피 선정할 거라면 그냥 일찍 선정하도록 하자는 것이다. 사업시행계획인가 후에 시공사를 선정하면 시공사 선정을 위한 기초자료가 확보된 상태에서 선정을 한다는 점에서는 바람직한 것 같다. 다만 시공사가 선정되기 전까지 조합에 돈이 없다는 점이 문제다. 그래서 시공사가 선정되기 전까지 정비업체나 변호사, 평가사, 법무사들은 외상으로 업무를 수행하기도 한다. 외상이면 그나마 다행이다. 심지어 돈을 내라고 하기도 한다. 2018년 개정 전에는 조합 설립인가 후에 곧바로 매도청구를 해야 하는데 인지대, 감정료를 변호사가 부담하면서 소송을 진행하기도 했다. 그러다 망하는 변호사들도 있었다. 이러다 보니 정비사업과정에서 컨설팅을 잘해주는 업체가 정비업체로 선정되는 것이 아니라, 시공사 선정 전까지 돈을 잘 내줄 수 있는 정비업체가 선정되는 경우가 비일비재하다.

사업시행계획인가 후 분양신청을 한다

사업시행계획인가를 받은 후에는 분양신청을 한다. 이때 분양신청을 하지 않으면 청산자가 된다. 청산은 재건축의 경우 매도청구, 재개발의 경우 수용으로 한다. 재건축은 매도청구이므로 소를 제기하여 법원의 판결에 따라 시가보상을 한다. 이와 달리 재개발은 지방토지수용위원회의 판단을 한 번 거치면 일사천리로 사업이 시행된다. 물론 이때에도 중앙토지수용위원회, 행정소송 등의 과정을 거치기도 한다. 그리고 재개발은 공시지가를 기준으로 보상한다.

분양신청
할까, 말까

부동산중개소에 가서 아파트를 구입할 때에는 당연히 집값을 놓고 흥정한다. 여기저기 다녀보고 비교분석한다. 그런데 재개발 재건축에서는 집값을 모른 채 청약했었다(2018년 2월 이전). 집값을 몰라도 분양신청을 해야 했다. 분양신청을 하지 않으면, 분양신청기간 만료일 다음 날에 곧바로 조합원 자격을 상실하기 때문이다. 조합원 자격을 상실하면, 자기의 헌집(종전자산)을 강제로 팔고 떠나야한다. 얼마를 받고 떠날지도 알 수 없다. 자신의 집을 팔고 떠날지, 아니면 새 아파트를 분양받을지 여부를 결정하는 일인데 제대로 된 정보도 없이 진행되었다.

재개발 재건축에서의 분양신청행위가 바로 그랬다. 정비사업은 조합원의 입장에서 본다면 헌집(종전자산)을 팔고 새집(종후자산)을 사는 과정이다. 새집(종후자산)의 가격은 부동산 시장의 시세에 의하여 개략적으로 결정되어 있으므로, 헌집(종전자산)의 가격을 얼마나 쳐줄 것인지가 주된 관심거리가 된다. 그래야 추가부담금을 알 수 있기 때문이다. 그런데 자신의 헌집(종전자산)을 조합에서 얼마에 사줄 것인지 밝히지도 않고 일단 '묻지마 청약'을 하라는 것이 정비사업이었다.

2018년의 법개정 –
종전자산가격과 분담금의 추산액을 통지하도록

≡

그러나 이러한 깜깜이 분양은 2018년 2월 9일 이후에 바뀌었다. 즉 개정된 도시정비법 제72조 제1항에서는 분양신청공고를 하면서 개별적으로 종전자산(철거대상인 기존의 부동산)의 가격과 분담금의 추산액을 통지하도록 바뀔 것이다. 다행스러운 일이다.

분양신청한 것이 후회되어 이탈하고 싶은 경우 -
표준정관 제44조 제5항에 따른 분양계약 미체결

≡

과거의 깜깜이 분양신청의 경우에는 아무것도 모르고 신청했다가 후회하는 일이 많았다. 2018년 개정법 이후에도 분양신청을 했다가 후회하는 일은 있을 것이다. 이때 철회가 가능할까? 철회는 분양신청기간 내에만 가능하다는 것이 대법원 판례다.

분양신청 철회를 하지 못한 경우에는 관리처분계획 이후에 있게 되는 분양계약체결기간에 계약체결을 하지 않으면 된다. 재개발 재건축 표준정관 제44조 제5항에서는 관리처분계획 이후에 있게 되는 '분양계약체결기간' 내에 계약체결을 하지 않으면 현금청산이 된다고 규정하고 있다. 분양계약체결이란 이미 행한 분양신청행위를 명확히 하기 위해서 동 호수 추첨 후에 하는 문서작성행위다. 이때 계약서 작성을 안 하면 청산대상자가 된다고 정관에서 규정하고 있다. 원래 이 조항은 분양계약체결을 고의적으로 지연하여 사업진행을 방해하는 조합원들을 '축출'하기 위해 만든 규정이었다. 하지만 이제는 빠져나가려는 조합원들의 '탈출'을 가능하게 하는 조항으로 바뀌었다. 덕분에 분위기에 휩쓸려 분양신청을 했던 사람들이 사업에서 빠져나갈 수 있게 되었다.

분양계약체결절차가 진행될 때까지 기다려야 한다

≡

따라서 만일 조합사업에서 이탈하여 청산금을 받으려면 '조합이 정하여 통보'한 분양계약체결기간 내에 계약체결을 하지 않아야 한다. 조합이 분양계약절차를 진행시킬 때까지 기다려야 하는 것이다. 관리처분계획 이후 1~2년 동안 조합이 이 절차를 진행하지 않고 있으면 진행될 때까지 계속 기다려야 한다. 어떤 조합은 동 정관 조항에 '관리처분계획인가 이후 60일 이내에 분양계약을 체결하지 않으면 현금청산대상자가 된다'라고 규정해 놓아서 인가 이후 60일이 지나면 무조건 청산대상자가 되는 것처럼 해석될 여지가 있어 문제가 되었다.

그러나 이 조항의 의미에 대하여 하급심 판결은 "관리처분계획인가 이후 조합이 별도로 분양계약체결기간을 정하여 이를 공고하였는데 그 기간이 도과된 것을 말하는 것이지 아무런 절차진행을 하지 않았는데 무조건 인가 후 60일이 지났다는 것만으로는 청산대상자가 된다고 할 수 없다. 만일 그렇게 해석한다면 전체 조합원 모두가 청산대상자가 된다는 기이한 결과를 초래하기 때문이다"라고 판시하고 있다. 따라서 조합이 분양계약체결절차를 진행할 것을 기다려서 그때 계약체결을 하지 않음으로써 조합사업에서 이탈하면 된다. 하지만 여기서 또 문제가 있다. 조합원이 사업에서 이탈하여 미분양이 될 것을 우려한 조합이 정관 제44조 제5항을 삭제하는 정관개정을 추진할 수 있다는 점이다. 실제로 이런 조합들이 많이 있다.

개정된 도시정비법에서는 관리처분계획이 인가 고시된 다음 날부터 90일 이내에 손실보상에 관한 협의를 진행하도록 규정하고 있다. 따라서 개정 규정이 적용되는 정비구역에서는 위와 같은 정관의 규정은 더 이상 의미가 없거나 사라질 것으로 보인다. 한편, 위 규정은 '조합이 정하여 통지한 기간 내에 분양계약을 체결하지 않을 경우'라는 모습으로 수정되어 많은 조합이 사용 중인 것으로 보인다. 조합이 임의로 기간을 정할 수 있도록 하였다는 점에서 다툼의 여지는 있으나 개정된 법률 규정에 따른 가장 합리적인 방법일 수밖에 없어 보인다.

재건축 사업의 조합원이 될 수 있는 또 다른 기회

조합의 정관에 따라 다르겠지만 재건축조합 표준 정관은 제9조 제1항 단서로 조합설립에 동의하지 아니한 자는 분양신청기한까지 동의서를 조합에 제출하여 조합원이 될 수 있다고 정하고 있다. 재건축사업의 경우 조합설립에 반대한 자라도 다시 한 번 조합원이 될 수 있는 기회를 부여하는 것인데, 조합설립 동의서를 제출한 경우에 조합에서 거부할 수 있는지가 문제가 될 수 있으나, 정관에서 그 권리를 부여한 이상 조합은 받아들일 수밖에 없다고 해석하는 것이 타당해 보인다. 단, 조합설립 미동의자라 하더라도 이미 매도청구소송이 종결되었다면 조합원으로 가입할 기회는 조합원 총회에서 조합원 자격을 부여하여야만 가능하다.

이렇게 중간에 조합원 가입을 원하는 사람들을 기존의 조합원들은 싫어할 수밖에 없다. 불확실한 사업의 미래를 보고 처음부터 그 뜻을 함께 한 사람과 눈치 보다가 들어온 사람은 다를 수밖에 없지 않겠는가. 그래서 기존 조합원들이 중간에 조합원으로 들어온 사람은 분양가에서 차등을 두기도 하는데, 이러한 내용이 위법은 아니다.

'종전자산평가',
왜 중요한가

　재개발 재건축 사업에서 철거 및 정리의 대상인 기존의 토지와 건축물을 '종전자산'이라고 하고, 신축 예정인 토지와 건축물을 '종후자산'이라고 한다. 재개발 재건축 사업을 간단하게 말하면 헌집인 종전자산을 새집인 종후자산으로 바꾸면서 그 차액을 정산해주는 작업이다. 종전자산이 크면 종후자산(신축 분양 아파트)과 함께 금전을 환급받고, 종전자산이 작으면 새로운 아파트를 분양받고 난 후에 추가부담금을 내야 한다. 이 추가부담금이 얼마가 되느냐는 자신의 '종전자산'이 얼마로 평가되느냐에 달려 있다. 그런데 다른 조합원들의 종전자산이 실제와는 달리 모두 과대평가를 받게 되면 어차피 한정된 개발이익의 분배비율이 동일하게 되어 각 개인에게 돌아오는 몫은 똑같다. 그러므로 각 조합원은 다른 조합원의 종전자산은 적게, 자신의 종전자산은 많게 평가받기를 원한다. 상대적인 비율을 높게 점해야만 개발이익을 좀 더 많이 배분받을 수 있기 때문이다.

종전자산 평가금액과 비례율

조합원이 종전자산 평가액에 대하여 불만을 품고 금액을 올려달라고 항의하는 경우는 대단히 많다. 이에 대하여 조합과 감정평가사의 통상적인 답변은 다음과 같다.

"종전자산 평가금액은 각 조합원 자산의 상대평가비율에 불과하므로 이를 올리더라도 추가부담금이 달라지지 않는다. 쉽게 말하자면, 어느 반 학생들의 수학 점수를 일률적으로 올린다고 하더라도 반에서 본인의 석차는 변함이 없는 것과 같다. 괜히 점수를 올려주면 기분만 좋아질 뿐이다. 조삼모사인 것이다. 오히려 종전자산 평가금액을 올려주면 그 금액을 받고 현금청산을 받고자 하는 사람들이 늘어나서 조합사업에 차질이 생길 뿐이다."

좀 더 구체적으로 설명하면 다음과 같다.

"종전자산 평가금액은 각 조합원의 자산이 사업구역 전체 내의 총자산에서 차지하는 비율을 의미한다. 구역 내 종전자산의 평가액

총 합계가 2천억 원이고 A조합원의 종전자산 평가액이 5억 원이라면 그 조합원이 가지는 비율은 400분의 1이다. 이 조합의 개발사업으로 인하여 신축된 종후자산의 가치가 3천억 원(매출액에 상당)이고 사업에 소요된 시공비와 기타 총비용이 600억 원이라면, 종후자산의 가치 3천억 원에서 종전자산의 평가액 총 합계 2천억 원과 위 사업비 600억 원을 뺀 400억 원이 개발로 인한 수익이다. 이 수익 400억 원을 기존 조합원에게 배정하는 비율이 바로 종전자산 평가액이 전체에서 차지하는 비율이다. 그러므로 위 조합원은 400억 원의 400분의 1인 1억 원을 개발수익으로 배분받게 된다. A조합원은 5억 원의 종전자산을 가지고 개발사업에 참여하여 1억 원의 수익을 얻게 되었으니 120%의 개발이익을 얻은 것이다. 이처럼 조합 전체의 개발이익률 역시 120%이고 이를 다른 말로 비례율이라고 한다. 종전자산에 비례율을 곱하여 산출한 것이 바로 그 사람의 권리가액이고 이 권리가액과 종후자산(앞으로 분양받을 아파트 평형) 가격과의 차액을 추가부담금으로 내게 된다. 그런데 종전자산 평가액 5억 원이 낮다고 A조합원이 불평한다. 그래서 이를 6억 원으로 올려주면(다른 모든 조합원의 종전자산평가액 역시 그만큼의 비율대로 올려주게 되므로), 종전자산 총 평가액의 합계가 2천 400억 원으로 상승하고, 종후자산의 평가액 합계 3천억 원에서 비용 600억 원을 빼고 나면 남는 게 없어 수익은 제로다. 그렇다면 개발이익이 없어 비례율은 100%가 된다. 결국 권리가액(종전자산 평가액×비례율)은 6억 원으로 똑같아진다. 결국 종전자산 평가액을 올려주면 비례율이 하락하므로 권리가액은 종전과 같다. 그러므로 추가부담금은 변하지 않는다."

위와 같은 말을 들으면 누구든 어안이 벙벙해지면서 감히 반박하지 못한다. 논리의 흐름을 정확히 따라가지 못해 막연하게 그런가 보다 하게 된다. 그러나 여기에는 중대하게 간과한 요소가 숨어있다. A조합원은 자기 자산만 인상해달라고 했지 다른 모든 조합원들의 종전자산도 자기 것과 동일한 가격대로 인상해 달라고 한 것이 아니다. 그럼에도 불구하고 이에 대하여 조합과 감정평가사들은 "당신의 가격을 올려주면(다른 조합원들 자산가치도 동일한 비율로 올려줄 수밖에 없으니) 어차피 비례율은 같아서 추가부담금은 동일하다"고 주장한다. A조합원의 요구는 "다른 사람들 것은 올리지 말고 내 것만 올려 달라"는 내용이거나 다른 조합원들보다 자기 것만 조금 더 올려달라는 이야기인데, 조합과 감정평가사들은 이 사실은 언급하지 않고 자신들의 주장만 앞세운다.

종전자산의 평가금액이 현금청산에 미치는 영향

≡

종전자산의 평가금액이 시세에 거의 육박하게 되면 차라리 그 돈 받고 떠나겠다, 골치 아픈 재개발 재건축 하느니 그 돈으로 인근의 미분양 아파트를 사겠다, 교외로 이사 가겠다는 생각을 가진 사람들이 늘어난다. 중도이탈자가 많아지는 것이다. 당연히 조합은 종전자산 평가금액을 시세수준으로 하는 것에 부담을 느끼게 되므로 종전자산 평가금액을 낮추려고 한다. 다만 종전자산 금액을 너무 낮추면 비례율이 높아져서 이익률이 높아지기 때문에 법인세 부담도 높아진다. 따라서 법인세 부담이 크지 않은 한도 내에서 현금청산자가 속출하지 않도록 종전자산 금액을 낮추려는 시도가 생긴다.

또한 종전자산 평가액이 낮으면 현금청산 시 하게 되는 시가평가에도 영향을 미쳐 평가금액을 아래로 끌어내리는 효과도 있는 듯하다. 종전자산에 비례율을 곱하면 권리가액이 되고 그 권리가액을 시가와 거의 유사한 것으로 보는 대법원 판례도 있지만, 일단 낮게 평가되어 제출된 종전자산 평가액은 현금청산소송에서도 하나의 준거로서 기능하는 측면이 있다. 조합에서는 종전자산은 개발이익이 배제된 것이라고 주장하곤 하는데, 만일 개발이익이 배제된 종전자산 금액이 이후 개발이익이 포함되어야 하는 현금청산소송의 법원 감정평가에 영향을 미친다면 문제가 될 수밖에 없다.

재개발 현금청산
이후 절차는

　재건축사업의 경우 분양신청을 하지 않는 등의 사유로 현금청산자가 되는 경우에는 조합을 상대로 법원에 현금청산소송을 제기하면 된다. 그러나 재개발사업과 도시환경정비사업의 경우에는 현금청산자가 된 조합원이 조합을 상대로 곧바로 소송을 제기할 수 없고 먼저 지방토지수용위원회의 수용재결절차를 거쳐야 한다.

　지방토지수용위원회의 재결을 거친 후, 그에 대하여 불복이 있는 경우에야 비로소 (행정)소송절차로 이행되는데, 이를 재결전치주의라고 한다.

수용절차 없이 소 제기하면 각하

그럼에도 불구하고 재개발 현금청산을 소송으로 제기하면 '각하'될 것이 분명하다. 다음과 같은 대법원 판례가 있기 때문이다.

> **대법원 2013. 1. 10. 선고 2011두19031 주거이전비 등**
>
> 도시정비법 제47조, 같은 법 시행령 제48조와 같은 법 제38조, 제40조 제1항 등에 의하면, 주택재개발사업의 사업시행자는 토지등소유자 중 분양신청을 하지 않거나 분양신청을 철회하는 등으로 현금청산대상자가 된 자에 대하여 그 해당하게 된 날부터 150일 이내에 토지·건축물 또는 그 밖의 권리에 관하여 현금으로 청산하되, 청산금액은 현금청산대상자와 사이에 협의하여 산정하여야 하고, 협의가 성립되지 않을 때에는 공익사업법에 의한 수용절차로 이행할 것을 예정하고 있다.

그런데 최근 서울고등법원 2013.4.17. 선고 2012나94843 청산금 판결에서는 "주택재개발조합이 시행하는 사업의 여러 절차에 있어서 그 조합원과의 관계를 규율하는 도시정비법의 조항들은 공법

관계를 규율하고 있으며 이에 기한 청구권은 공법상 권리이다. (중략) 주택재개발정비사업에서의 조합원에 대한 현금청산은 주택재개발사업의 일련의 과정에 포함되는 것으로서 후속절차에도 영향을 미치므로 주택재개발정비사업에서의 현금청산소송은 공법상 당사자 소송으로 다루는 것이 합리적이고 합목적적이다"라고 하면서 주택재개발조합의 현금청산소송을 서울행정법원으로 이송한 바 있다. 이 서울고등법원 판결은 구 도시정비법 제38조와 제40조 및 앞에서 언급한 대법원 판례를 간과한 것으로 잘못된 판결이라고 할 수 있다. 수용재결절차를 거치지 않고 청산금의 지급을 구하는 소이므로 각하해야 함에도 이를 행정법원으로 이송했기 때문이다. 따라서 위 결정에 따라 이송된 사건은 서울행정법원에서 "수용재결절차를 경유하지 않았다는 이유로 각하"될 것이 분명했다. 다만 실제 사건에서는 원고가 소를 취하하여 종결되었다(서울행정법원 2013구합14078).

재건축구역 내 사업자,
영업보상 받을 수 있나

　도시정비법 제63조와 제65조(구 도시정비법 제38조와 제40조)에서
는 재개발과 도시환경정비사업에 대하여 '공익사업을 위한 토지 등
의 취득 및 보상에 관한 법률(약칭: 토지보상법)'을 준용하도록 하고
있다. 따라서 토지보상법상의 영업손실보상 규정*이 적용된다. 그러
므로 재개발사업과 도시환경정비사업의 경우에는 사업장을 이전하
는 기간 동안 장사를 하지 못하여 발생하는 손해(영업보상금)를 보상
받을 수 있고, 아울러 사업장의 각종 집기들을 이전하는 데 필요한
이전비도 받을 수 있다.

＊　토지보상법 제61조 이하

용산 남일당에서 시위를 했던 세입자들은 법률상 '영업보상'은 받을 수 있었다. 하지만 그 외에 거액의 '권리금'을 회수하지 못하게 되면서 강하게 반발했었다. 그런데 재건축구역에서 사업하는 자는 권리금은커녕 영업보상도 못 받는다. 도시정비법 제63조(구 도시정비법 제38조)가 토지보상법을 준용하는 대상에서 재건축을 제외하고 있기 때문이다.

강제로 시행한다는 점에서는 재건축도 마찬가지다

재건축은 왜 제외시켰을까? 재건축은 공익사업이 아니라 사적이익을 추구하는 사익사업이라고 보았기 때문이다. 재개발사업과 도시환경정비사업은 원래는 폐지된 도시재개발법에 규정되어 있었다. 도시재개발법은 공익목적을 수행하기 위하여 사업시행자에게 토지보상법상의 토지수용권을 부여하였는데, 그에 따라 토지보상법상의 손실보상규정도 적용되게 했다. 이에 반하여 재건축사업은 구 주택건설촉진법에 규정되어 있었고, 주택건설촉진법상 조합은 자신들의 재산권 증식을 위하여 자발적으로 모인 단체로 인식되었으므로 수용권도 부여하지 않아 토지보상법상의 손실보상규정도 적용될 수 없었다. 보상은 자체적으로 알아서 하도록 하였다. 그러나 2003년에 도시정비법이 제정되면서 위 세 가지 사업은 모두 하나의 법에 규정되게 되었고 공익사업인지 사익사업인지의 구별은 모호해졌다. 하지만 75%의 주민이 찬성하면 나머지는 싫어도 그 사업에 따라가거나 아니면 떠나야 하는 점에서는 모두 동일하다.

아파트를 재건축하는 경우에는 크게 문제되지 않았다

三

재건축사업의 경우 영업보상 규정이 없었음에도 불구하고 그동안 큰 문제가 없었던 이유는 재건축 대상지역이 주로 '오래된 아파트'였기 때문이다. 아파트에서 사업을 영위하는 자들은 모두 '단지 내 상가'라고 불리는 특정건물 내에서 영업을 한다. 그러므로 해당 아파트를 재건축하고자 할 경우에는 상가 소유자들이 외형상 하나의 건물을 이루고 있어 일단의 세력을 형성하므로, 조합으로서는 상가단과의 협상이 필수다. 이 상가단과 협의를 끌어내지 못하면 재건축은 불가능하다. 따라서 상가단은 협의를 통하여 자신들이 일시적으로 휴업함에 따른 손실보상을 받았다. 오히려 과한 이익을 취하지 않았나 싶은 사례도 많았다.

단독주택 재건축제도가 출현하면서 문제가 생겼다

≡

오래된 아파트만을 재건축구역으로 지정할 경우에는 문제가 없었는데 어느 틈엔가 '단독주택' 재건축구역이라는 것이 출현하여 문제가 생겼다. 도시정비법상 '재건축'구역 지정대상은 정비기반시설이 '양호'한 곳이고, '재개발'구역 지정대상은 정비 기반시설이 '열악'한 곳이다. 아파트는 오래되었더라도 도로, 공공시설 등 정비기반시설이 양호한 경우가 많으므로 재건축구역으로 지정된다. 단독주택지역은 도로가 무질서한 경우가 많으므로 정비기반시설이 '열악'한 것으로 파악하여 재개발구역으로 지정되고 있었다. 그런데 단독주택지역 중에서 재개발구역으로 지정하기에는 요건이 맞지 않지만 재건축구역으로 지정하기에는 적합한 곳이 있었다. 즉 도로가 반듯반듯하여 정비기반시설이 '양호'한 곳으로 평가되면 단독주택지역이라도 재건축구역으로 지정할 수 있게 제도가 바뀐 것이다.

단독주택 지역의 상가들은 흩어져 있다

≡

'재건축'구역으로 지정된 단독주택지역은 그 외관은 재개발과 거의 다를 바가 없다. 도로사정이 조금 낫다는 것이 다를 뿐이다.

단독주택지역의 상가들은 단독주택 사이사이 또는 길가에 미용실, 김밥 집 등이 여기저기 흩어져 있다. 이들은 하나의 세력으로서 조합과 당당히 협상을 하여 뭔가 보상을 이끌어낼 만한 힘이 없다. 단독주택지역은 도로상태만 재개발보다 나을 뿐, 사실 재개발구역과 상황이 거의 같다. 지역 내 상인들도 그 처지가 재개발과 다를 바 없다. 그런데 이들에게는 영업손실보상을 해주지 않는다. 왜? 규정이 없기 때문이다. 그런데 그동안 문제가 없었던 이유는 대부분 아파트 재건축이어서 단지 내 상가들은 뭉쳐서 협상했기 때문이다.

그렇다면 왜 이제 와서 재건축에서의 영업보상이 문제가 될까? 그것은 단독주택 재건축이라는, 실제는 재개발이지만 무늬만 재건축인 기형이 새롭게 생겨났기 때문이다. 단독주택 재건축은 실질적으로는 재개발이다. 그러므로 그 지역 내의 상인들에게는 영업손실보상을 해주어야 한다. 그럼에도 불구하고 이름이 재건축이라는 이유로 방치하는 것은 위헌이다. 단독주택 재건축이라는 새로운 제도를 만들었다면 그에 따른 문제점도 시정했어야 했는데 이를 방치하고 있다. 법률이 개정되면서 그로 인한 미세한 상황변화를 예측하지 못하거나 방치함으로써 억울한 사람이 새로 생기게 됐다. 이런 일은 비일비재하다.

상담하다가 의뢰인에게 말문이 막힌다

三

의뢰인과 상담하다가 의뢰인의 논리에 말문이 막히는 경우가 있다. 바로 이런 경우다.

"단독주택 재건축도 실제로는 재개발과 같고 강제성을 띤 사업인데 왜 영업보상을 해주지 않느냐? 이건 위헌 아니냐?"라고 묻는 의뢰인에게 우리는 설득력 있는 답변을 해주지 못한다. 다만 아래와 같이 애매하게 말해줄 뿐이다.

"맞다. 단독주택 재건축도 영업보상을 해주어야 한다. 보상을 해주지 않으면 헌법정신에 위배된다. 다만 법률이란 과거에 만들어졌고 변화된 현실과 어긋나는 경우가 많다. 그 사이에 끼인 사람이 재수 없게 손해를 보게 된다. 법률과 현실의 어긋남에서 귀하와 같은 희생자가 나오는데, 그 희생이 계속되면 언론에 오르내리고 도저히 견딜 수 없다는 아우성이 국회에까지 미치면 그제야 겨우 법이 바뀐다. 가끔 헌법재판소에서 위헌결정이 나기도 하지만 그건 예외다. 법률이 개정될 때까지는 그냥 당할 수밖에 없다. 법률이 바뀌더라도 귀하에게는 적용이 안 되고 다음 세대부터 적용된다. 귀하는 그저 법률발전이라는 역사적 사명을 위해 하나의 밀알이 된다고 생각하고 그에 만족할 수밖에 없다."

참고로 2018년 개정법에서는 제73조에서 '손실보상'이라는 단어를 쓰고 있는데, 이는 재건축에서의 매도청구 대금지급과 재개발에서의 수용보상을 통칭하는 것일 뿐, 결코 재건축에서 말하는 영업손실에 대한 보상을 해준다는 의미가 아니다.

최근 서울중앙지방법원에서 재건축 사업시행자가 세입자에게 제기한 건물명도 소송(2018가단5126330)이 진행되고 있던 중 소송 대상 피고 임차인들은 손실보상 등이 선행 또는 동시에 이행되어야만 인도청구에 응할 수 있다는 취지로 주장한 반면, 이 사건 조합은 손실보상이 완료되지 아니한 경우 임차권자의 사용·수익이 중지되지 아니한다고 규정한 '도시 및 주거환경정비법' 제81조 제1항 단서 제2호는 재건축사업에 적용되지 않는다고 주장하였다. 이에 제청법원인 서울중앙지방법원은 2018. 12. 5. 같은 법 제81조 제1항에 대하여 직권으로 위헌법률심판을 제청하였다. 그러나 헌법재판소에서는 도시 및 주거환경정비법(2017. 8. 9. 법률 제14857호로 개정된 것) 제81조 제1항 본문 중 재건축사업구역 내 임차권자에 관한 부분은 헌법에 위반되지 아니한다고 결론 내린 바 있다(헌법재판소 2020. 4. 23. 결정 2018헌가17호 도시 및 주거환경정비법 제81조 제1항 위헌제청). 즉, 재건축 사업에서 영업세입자에 대한 영업손실보상과 이와 같은 논리에서 주거세입자에 대한 주거이전비 등의 보상은 법률이 개정되지 않는 이상 불가능하다고 보아야 한다.

한편, 서울특별시 도시 및 주거환경정비 조례 제67조에서는 다음과 같이 규정하고 있다.

제67조(협의체 구성 및 운영)

① 구청장은 영 제91조제4호에 따라 법 제73조제1항 각 호에서 정한 손실보상 협의대상자 또는 법 제52조제1항제4호에 따른 세입자와 사업시행자 간의 이주대책 및 손실보상 협의 등으로 인한 분쟁을 조정하기 위하여 협의체를 구성·운영할 수 있다.

② 협의체는 법 제72조에 따른 분양신청기간 종료일의 다음 날부터 구성하며, 관리처분계획 수립을 위한 총회 전까지 3회 이상 운영한다. 다만, 구청장이 필요하다고 인정하는 경우에는 관리처분계획인가 이후에도 운영할 수 있다.

③ 협의체는 다음 각 호에 해당하는 사람 중 위원장을 포함하여 5명 이상 15명 이하의 위원으로 구성하고 위원장은 제2호의 전문가 중 1명을 호선하며 제16조제3항은 협의체 구성 시 준용한다. 이 경우 "검증위원회"는 "협의체"로 본다.

1. 해당 자치구에서 정비사업 업무에 종사하는 6급 이상 공무원

2. 법률, 감정평가, 정비사업전문관리업 등 분야별 전문가

④ 협의체 회의에는 다음 각 호에 해당하는 자 전부 또는 일부가 참석한다.

1. 사업시행자

2. 법 제52조제1항에 따른 주거 및 이주 대책 수립 대상 세입자

3. 법 제73조에 따른 손실보상에 관한 협의 대상자

4. 법 제74조제2항, 영 제60조에 따라 재산 또는 권리 등을 평가한 감정평가업자

5. 그 밖에 구청장이 협의가 필요하다고 인정하는 자

⑤ 협의체는 다음 각 호의 사항을 협의 조정한다.

1. 주거세입자에 대한 손실보상액 등

2. 상가세입자에 대한 영업손실보상액 등

3. 법 제73조제1항 및 영 제60조에 따라 분양신청을 하지 않은 자 등에 대한 손실보상 협의 금액(토지·건축물 또는 그 밖의 권리에 대한 금액) 등

4. 그 밖에 구청장이 필요하다고 인정하는 사항

⑥ 제2항에 따라 협의체가 3회 이상 운영되었음에도 불구하고 합의가 이루어지지 않은 경우 구청장은 법 제117조제2항제2호 및 영 제91조제4호에 따라 조정위원회를 개최하여 심사·조정할 수 있다.

⑦ 구청장은 협의체 운영 결과 또는 조정위원회 조정 결과 등을 사업시행자에게 통보하여야 한다.

⑧ 시장은 협의체 구성 방법 및 운영 등에 필요한 세부기준을 정하

여 고시할 수 있으며, 협의체 운영에 소요되는 비용의 전부 또는 일부를 지원할 수 있다.

위 규정에서는 도시정비법 제73조 제1항 각호의 사항 및 제52조 제1항 4호에 따른 세입자와 사업시행자 간의 이주대책 및 손실보상 협의의 내용을 협의체 구성 및 운영의 범위에 포함시키고 있다. 그런데 재개발사업과 재건축사업을 별도로 구별하고 있지 않아 재건축 구역 내 세입자에게 이 규정을 어떻게 적용해야 하는지에 대해서 혼선이 발생할 수 있다.

또한 서울특별시는 세입자에게 보상의 의무가 없는 (구)단독주택 재건축사업의 경우 용적률 10% 내에서 인센티브를 부여하는 조건으로 세입자 보상을 실시하도록 하는 대책을 내놓았고 이는 월계동 487-17일대 단독주택재건축정비사업구역 내에서 첫 사례로 적용된 바도 있다. 그러나 헌법재판소의 합헌(재건축사업에서 영업손실보상을 제외하도록 한 규정) 판단도 있었고 법률도 명확한 상태에서 조례 또는 시의 대책으로 정할 부분이 아니라는 점과 각 구역마다 적게는 수백 많게는 수천 가구 또는 영업장이 있는 구역들에게 형평성을 맞추기는 쉽지 않다는 점 그리고 그 보상을 위한 직접적인 금액 또는 절차적 비용 지원이 아닌 용적률 인센티브는 조합원들이 적극적으로 반길만한 내용은 아니라는 비판의 목소리도 적지 않다.

서울시의 단독주택 재건축 세입자 대책

2018년도 겨울 서울의 한 지역에 살던 세입자가 조합의 강제철
거에 비관하여 자살을 한 사건이 있었는데, 이를 계기로 서울시에서
는 단독주택 재건축 세입자 대책이라는 방안을 마련했다. 주요 내용
은 재개발에 준하여 재건축 사업에서도 주거이전비 등의 손실보상
을 받을 수 있도록 한 것인데, 조합에게는 그에 따른 인센티브를 지
급하여 조합에게도 손실이 없게 하여 일부 조합에서는 해당 제도를
받아들여 세입자의 조기 이주를 독려한 사례가 있다. 그러나 서울시
대책은 세입자 등에게 손실보상청구권을 주는 법적 근거가 될 수
없으므로 건물 인도에 대항할 수 있는 것은 아닌 점에서 한계가 있
지만 위헌적 요소를 막는 하나의 대책이 되었다는 점에서는 현실적
인 방안으로 보인다. 다만 단독주택 재건축은 2014년도 9월에 도시
및주거환경정비법이 개정되면서 폐지되어 그 이전에 지정된 곳만
해당 대책을 적용할 수 있어 결국에는 법의 개선이 되지 않는 이상
재건축 사업에서의 보상은 아직 갈 길이 멀다.

재개발구역에서
영업보상 보상받으려면

　재개발구역에서 영업보상을 받기 위해서는 도시정비법과 공익사업법 및 관련 법령에서 규정한 요건을 충족해야 하는데 ① 사업인정고시일(정비계획 공람공고일) 전부터 ② 적법한 장소에서 ③ 인적·물적 시설을 갖추고 ④ 계속적으로 행하는 영업이어야 하며 ⑤ 허가 등이 필요할 경우 위 공람공고일 전에 허가 등을 받고 그 내용대로 행하는 영업이어야 한다.

　그리고 무허가건축물의 경우 원칙적으로 영업보상이 될 수 없다. 다만, 예외적으로 무허가건축물의 '임차인'이 정비계획 공람공고일 1년 이전부터 사업자등록을 하고 영업을 한 경우 영업보상대상자로 인정받을 수 있다. 또한 무허가 영업의 경우에도 일정한 경우 보상받을 수도 있는데, 도시근로자가구 월평균 가계지출비를 기준으로 산정한 3인 가구 3개월 분 가계지출비에 해당하는 금액 및 영업시설 등의 이전비용을 받을 수 있다.

영업손실보상의 내용에는 무엇이 있나

영업손실보상은 휴업보상과 폐업보상 두 가지로 나뉘는데, 폐업보상은 거의 인정되기 어려우며 대부분 휴업보상을 받게 된다. 서울지역에서는 90% 이상이 휴업보상에 해당한다고 보면 된다.

휴업보상의 내용으로는 휴업기간에 해당하는 영업이익, 영업장소 이전 후 발생하는 영업이익감소액을 비롯하여 휴업기간 중 유지관리비, 인건비 등 고정비용, 이전비 및 감손상당액, 부대비용 등이 포함된다.

또한 휴업기간은 원칙적으로 4개월 이내로 하나, 예외적으로 해당 영업의 고유한 특수성으로 인하여 4개월 이내에 다른 장소로 이전하는 것이 어렵다고 객관적으로 인정되는 경우에는 2년 이내에서 실제 휴업기간으로 인정받을 수 있다.

영업손실보상을 인정받기 위해서는
관련자료를 잘 확보해두어야 한다

Ξ

영업보상 관련자료를 잘 보관하는 것도 중요한데, 특히 임대차계약서(임차인), 손익계산서, 해당 영업과 직접 관련된 세금 및 공과금 납부내역, 광고선전비 지출내역, 총 직원 수 및 직원 급여대장, 영업용 고정자산 및 재고자산 내역, 영업시설 등 이전에 소요되는 예상비용 견적서 등이 있다.

영업손실보상금 청구소송, 재결이 선행되어야 한다

Ξ

영업보상대상자에 해당함에도 불구하고 사업시행자가 보상금을 지급하지 않을 경우 어떻게 해야 할까? 재결절차를 거치지 않은 채 재개발조합을 상대로 곧바로 민사소송이나 행정소송을 제기하는 것은 허용되지 않는다.

따라서 영업보상 대상자는 재개발조합을 상대로 공익사업법 제30조에 따른 재결신청 청구를 하거나, 위 재결신청 청구에 대하여 거부처분이 있을 경우 그 거부처분 취소를 구하는 소송 등을 제기하여 권리구제 방법을 모색해야 한다.

매도청구 수용재결
지연시키면

도시정비법 제73조에 의하면, 재개발 재건축 조합이 현금청산 대상자에 대한 매도청구나 수용재결을 지연할 경우 보상금에 대하여 최대 연 15%의 지연이자를 가산해서 지급해야 한다. 위 규정은 2018. 2. 9. 시행된 전부개정 도시정비법에 새롭게 삽입되었다.

최대 연15% 지연이자를 가산 지급해야

조합은 관리처분계획이 인가 · 고시된 다음 날부터 90일 이내에 현금청산대상자들과 손실보상에 관한 협의를 하여야 한다. 현금청산대상자들과 협의가 성립되지 아니하면 <u>위 기간의 만료일 다음 날부터 60일 이내에 수용재결을 신청하거나 매도청구소송을 제기하여야 한다.</u> 만약 위 60일의 기간을 넘기는 경우 지연일수에 따라서 최대 연 15%의 지연이자를 부담해야 한다.

6개월 이내의 지연일수에 따른 이자의 이율	100분의 5
6개월 초과 12개월 이내의 지연일수에 따른 이자의 이율	100분의 10
12개월 초과의 지연일수에 따른 이자의 이율	100분의 15

손실보상에 대한 지연이자 발생시기를 명확히 하다

三

구 도시정비법(법률 제14567호로 개정되기 이전의 것)에서는 재건축의 경우 매도청구소송을 제기해야 하는 시점, 재개발의 경우 수용재결을 신청해야 하는 시점에 대한 제한을 두고 있지 않았다. 그러다 보니 재개발의 경우 조합이 수용재결을 지연시켰을 때 도시정비법이 아니라 토지보상법을 그대로 준용하여 손실보상금에 대한 지연이자를 가산하게 되어 있었다. 토지보상법은 도시정비법에 따른 재개발 정비사업의 특수한 사정이 고려되지 않아 조합이 수십억 원에서 수백억 원의 지연이자를 지급하는 경우도 있었다.

이번 전부개정법률(법률 제14567호)은 정비사업의 특수성을 반영하여 재개발사업을 넘어 재건축사업까지 그 대상을 확대하여 현금청산대상자들에 대한 지연이자의 발생 시기 및 사유를 도시정비법에 직접 규정함으로써 신속한 매도청구소송과 수용재결신청을 도모하고 나아가 조합의 과도한 지연이자 부담을 제한하였다는 점에서 상당한 의미가 있다.

경과규정에 따라 구법이 적용될 수도 있다

다만, 손실보상에 관한 제73조가 언제나 적용되는 것은 아니다. 부칙 경과규정에 따라서 구법이 적용될 수도 있다. 예를 들어 부칙 제18조에 의하면, 도시정비법 제73조의 개정규정은 이 법 시행 후 최초로 관리처분계획인가를 신청하는 경우부터 적용하도록 규정되어 있으나, 만약 토지등소유자가 토지보상법에 제30조 제1항의 조속재결신청 청구를 한 경우에는 토지보상법에 따라 지연이자를 지급해야 한다.

또한 부칙 제9조에 의하면 도시정비법 제73조 제3항의 개정규정은 2012년 8월 2일 이후 최초로 조합설립인가를 신청한 정비사업부터 적용한다고 규정하고 있어, 그 이전에 조합설립인가를 신청한 조합의 경우에는 위 개정규정이 적용되지 않고 토지보상법의 조속 재결신청 청구에 따라 지연이자를 지급해야 할 수도 있다.

한편 손실보상의 시기에 관하여 부칙 제19조에서는 제73조의 개정 규정을 법률 제12116호 도시 및 주거환경정비법 일부개정법률의 시행일인 2013년 12월 24일 이후 최초로 조합설립인가를 신청하는 경우부터 적용한다고 규정하고 있다.

그렇기 때문에 부칙 규정의 해석은 매우 중요하며, 부칙을 잘못 해석할 경우 구법에 따라서 상당한 지연이자를 부담하게 될 수도 있다. 그러므로 전부개정 도시정비법이 어느 정비구역에 적용될지에 대해서는 전문 변호사와 상의하여 신중하게 처리하는 게 좋다.

> **도시정비법**
>
> **제73조(분양신청을 하지 아니한 자 등에 대한 조치)**
>
> ① 사업시행자는 관리처분계획이 인가·고시된 다음 날부터 90일 이내에 다음 각 호에서 정하는 자와 토지, 건축물 또는 그 밖의 권리의 손실보상에 관한 협의를 하여야 한다. 다만, 사업시행자는 분양신청기간 종료일의 다음 날부터 협의를 시작할 수 있다.
>
> 1. 분양신청을 하지 아니한 자

2. 분양신청기간 종료 이전에 분양신청을 철회한 자

3. 제72조 제6항 본문에 따라 분양신청을 할 수 없는 자

4. 제74조에 따라 인가된 관리처분계획에 따라 분양대상에서 제외된 자

② 사업시행자는 제1항에 따른 협의가 성립되지 아니하면 그 기간의 만료일 다음 날부터 60일 이내에 수용재결을 신청하거나 매도청구소송을 제기하여야 한다.

③ 사업시행자는 제2항에 따른 기간을 넘겨서 수용재결을 신청하거나 매도청구소송을 제기한 경우에는 해당 토지등소유자에게 지연일수(遲延日數)에 따른 이자를 지급하여야 한다. 이 경우 이자는 100분의 15 이하의 범위에서 대통령령으로 정하는 이율을 적용하여 산정한다.

부칙 〈법률 제14567호, 2017. 2. 8.〉

제9조(분양신청을 하지 아니한 자 등에 대한 현금청산 지연에 따른 이자 지급에 관한 적용례) 제40조 제1항 및 제73조 제3항의 개정규정은 법률 제11293호 도시 및 주거환경정비법 일부개정법률의 시행일인 2012년 8월 2일 이후 최초로 조합 설립인가(같은 개정법률 제8조 제3항의 개정규정에 따라 도시환경정비사업을 토지등소유자가 시행하는 경우나 같은 개정법률 제7조 또는 제8조 제4항의 개정규정에 따라 시장·군수가 직

접 정비사업을 시행하거나 주택공사 등을 사업시행자로 지정한 경우에는 사업시행계획인가를 말한다)를 <u>신청한 정비사업부터 적용한다.</u>

제18조(분양신청을 하지 아니한 자 등에 대한 조치에 관한 적용례) 제73조의 개정규정은 이 법 시행 후 최초로 관리처분계획인가를 신청하는 경우부터 적용한다. 다만, 토지등소유자가 「공익사업을 위한 토지 등의 취득 및 보상에 관한 법률」 제30조 제1항의 재결 신청을 <u>청구한 경우에는</u> 제73조의 개정규정에도 불구하고 <u>종전의 규정을 적용한다.</u>

제19조(손실보상 시기에 관한 적용례) 제73조의 개정규정은 법률 제12116호 도시 및 주거환경정비법 일부개정법률의 시행일인 2013년 12월 24일 이후 최초로 조합설립인가를 신청하는 경우부터 적용한다.

도시정비법 시행령

제60조(분양신청을 하지 아니한 자 등에 대한 조치)

① 사업시행자가 법 제73조 제1항에 따라 토지등소유자의 토지, 건축물 또는 그 밖의 권리에 대하여 현금으로 청산하는 경우 청산금액은 사업시행자와 토지등소유자가 협의하여 산정한다. 이 경우 재개

발사업의 손실보상액의 산정을 위한 감정평가업자 선정에 관하여는 「공익사업을 위한 토지 등의 취득 및 보상에 관한 법률」제68조 제1항에 따른다.

② 법 제73조 제3항 후단에서 "대통령으로 정하는 이율"이란 다음 각 호를 말한다.

1. 6개월 이내의 지연일수에 따른 이자의 이율: 100분의 5

2. 6개월 초과 12개월 이내의 지연일수에 따른 이자의 이율: 100분의 10

3. 12개월 초과의 지연일수에 따른 이자의 이율: 100분의 15

현금청산 시
연 12% 이자 받는 법

재개발 재건축 사업에서 현금청산 문제가 자주 화두가 되고 있다. 경기침체로 조합원들은 '신축건축물 분양을 받으려면 추가부담금이 막대하다. 차라리 이번 기회에 부동산을 팔고 떠나자'라고 생각하는 것 같다. 그런데 현금청산을 할 때, 조합이 청산금 지급을 지연시키는 경우에는 건물을 인도하고 근저당권을 말소한 뒤 소유권이전등기서류를 법무사나 다른 변호사에게 맡겨두고 소송을 하면 매매대금과 함께 위 이행제공 완료 시부터 연 12%의 이자를 받을수 있다(2013년 9월 서울고등법원 판결).

이미 분양신청을 했는데
지금이라도 현금청산을 받을 수 있을까?

≡

이미 분양신청을 했는데, 뒤늦게 현금청산을 받고 싶어질 수도 있다. 이에 대한 규정으로는 재건축조합 표준정관(재개발도 같다) 제44조 제5항이 있다. "⑤ 조합원은 관리처분계획인가 후 ○일 이내에 분양계약체결을 하여야 하며 분양계약체결을 하지 않는 경우 제4항의 규정(현금청산 조항)을 준용한다." 이 조항에 따라 나중에 분양계약체결기간에 계약체결을 하지 않음으로써 청산자가 되는 방법이 있다. 그러나 이러한 권리는 정관에 따라 주어지는 권리이므로 정관이 개정되면 주장할 수 없다. 최근에는 각 조합들이 위 조항을 삭제하는 조치를 많이 취하고 있으므로 무작정 위 조항만을 믿고 있을 수만은 없다. 따라서 <u>가급적 분양신청기간 내에 청산 여부를 결정하는 것이 좋다.</u>

1차 분양신청기간 중에 분양신청을 했는데 2차 분양신청
기간에 분양신청을 안 해도 청산자가 될 수 있다

≡

평형 변경을 이유로 다시 시작된 분양신청절차(2차, 3차)에서 분양신청을 하지 않는 방법으로 현금청산자가 될 수도 있다(2013년 서울서부지방법원 판결). 그러나 각 조합에서는 2차 분양신청을 받으면서 "2차 기간에 신청을 하지 않으면 1차 신청기간에 신청한 평형대 또는 이와 가장 유사한 평형대를 자동 배정한다"라고 안내하기도 한다. 이러한 안내가 유효한 것은 아니지만 법적 논란이 있을 수 있<u>으므로 2차 분양신청기간 내에 청산자가 될 의사가 분명하게 있다</u><u>는 취지의 '내용증명'을 보내두는 것이 좋다.</u>

먼저 자신의 의무를 이행해야 한다

≡

앞서 매도청구 부분에서도 설명했지만, 잔금지급과 소유권 이전 등기는 동시이행관계에 있으므로, 일방이 자신의 의무를 이행하지 않으면 타방의 의무이행 지연도 정당한 사유가 있는 것이 되어 이 자발생 사유가 되지 않는다. 따라서 토지등소유자가 조합에 대하여 매매대금지급 및 이자청구를 하려면 소유권이전등기 서류의 이행제공, 부동산 인도, 근저당권과 같은 권리제한등기의 말소 등 자신의 의무를 이행해야 한다. 위와 같은 의무를 이행한 후 소송을 하면, 매매대금에 대하여 소장 부본 송달일 다음 날부터 소송촉진법상 연 15%의 지연이자가 가산된다. 물론 상대방이 항쟁함이 타당하다고 인정될 경우 이자 기산일부터 판결 선고일까지 민법상 연 5%, 그리고 판결 선고일 다음 날부터 다 갚는 날까지 소송촉진법상 연 12%의 이자가 가산된다. 아울러 이자 기산일은 각 사안마다 조금씩 달라질 수 있다.

소유자도 먼저 소송을 제기할 수 있다

앞서 설명한 매도청구의 경우에는 조합만이 원고가 되어 소유자를 상대로 소를 제기할 수 있다. 그러나 분양신청을 하지 않음으로써 현금청산을 하는 경우에는 분양신청기간 종료일 다음 날에 자동으로 조합과 소유자 사이에 매매계약이 체결되는 것으로 의제되기 때문에, 이에 따른 계약이행절차를 조합이나 청산자(소유자) 어느 쪽이든 원고가 되어 청구할 수 있다.

조합이 청산자에게 청구하면 소유권이전등기를 청구할 것이고, 청산자가 조합을 상대로 청구하면 매매대금지급을 청구하게 된다. 최근에는 강제집행에서 주도권을 확보하기 위해서 어느 일방이 먼저 소송을 제기하면 타방은 그에 대하여 반소를 제기하는 경향이 있다. 원고가 아니면 집행을 개시할 수 없기 때문이다. 아무리 판결 내용이 유리하였더라도 집행을 당하였을 때 항변할 수 있을 뿐 집행을 주도할 수 없기 때문이다. 집행권원을 가지고 있어야 이행을 강제할 수 있으므로 그러한 권원을 확보해두어야 한다.

조합의 사업비와 상계처리할 수 있다

이러한 소송이 필요한 또 다른 이유는 조합의 사업비공제항변 때문이다. 청산자가 조합을 상대로 매매대금의 지급을 청구하면 조합에서는, "그래, 청산금 줄게. 주기는 주겠는데, 지금까지 너 조합원이었잖아. 네가 조합원이었던 동안 조합이 지출한 사업비는 빼고 줄게!" 하고 항변하는 것이 요즘 유행이다. 조합이 위와 같이 항변하는 경우 소유자는 민법상 연 5% 또는 소송촉진법상 연 12% 고율의 이자가 붙은 매매대금으로 위 사업비와 상계할 수 있다. 예를 들면 갑순이가 갑돌이에게 100원을 빌렸고, 갑돌이는 갑순이에게 외상값 300원을 줘야 하는 상황에서 갑순이가 갑돌이한테 외상값을 청구하면, 갑돌이는 이렇게 말할 것이다. "너 나한테 100원 줘야 하잖아? 그거 내 외상값이랑 퉁치자. 그러고 남은 돈 200원만 줄게." 이렇게 계산하는 것을 상계라고 한다. 청산자로서는 "그래? 그럼 사업비 빼고 줘. 근데 애초에 네가 줘야 할 매매대금 있지? 거기에다가 연 5%나 연 12% 붙인 돈으로 사업비랑 퉁치자"라고 상계 항변을 할 수 있다는 얘기다. 사업비 공제는 부당한 것이지만 이처럼 고율의 이자가 붙은 매매대금으로 상계 처리하는 방법도 생각해볼 수 있다.

전문 변호사와 상의가 필요하다

≡

근저당권 말소가 상당한 부담이 되기는 하지만 다른 곳에서 대출받더라도 연 5%나 연 12% 이자를 받는다면 한번 해볼 만한 일이다. 연 5%나 연 12%의 이자를 부과하는 이유는 "원고는 자기의무를 100% 다 이행했는데 그럼에도 불구하고 피고가 의무이행을 해태하는 것은 부당하므로 그에 대한 제재 차원에서 고율의 이자를 부과한다"는 논리다. 그러므로 원고는 자신의 의무이행을 100% 완수하여야 한다. 행여 일부라도 의무의 불이행이 있어 꼬투리를 잡히면 연 5%나 연 12%의 이자가 사라지게 되므로 매우 신중하게 처리하여야 한다.

우리가 상담했던 사례 중에 이런 사건이 있었다. 청산자인 의뢰인은 건물을 전부 비우고 사진을 찍은 다음 열쇠와 함께 토지와 건물의 소유권이전등기 서류를 법무사에게 맡기고 이 사실을 조합에 통지한 후 소를 제기했다. 그런데 소를 제기하고 확정되기까지는 짧

게는 몇 달, 길게는 몇 년이 걸린다. 의뢰인은 청산금을 받기까지 건물을 비워두기가 너무 아까워 어느 신문 보급소가 건물의 1층 점포를 사용하겠다고 하자 냉큼 월 80만 원에 임대해버렸다. 결과는 어떻게 됐을까? 조합에서는 "여전히 의뢰인이 위 건물을 사용하고 있다"는 주장을 하며 그 증거로 신문 보급소가 해당 건물에서 영업하고 있는 사진을 찍어서 법원에 제출했다. 법원에서는 의뢰인이 자신의 건물 인도 의무를 완전히 이행하지 않고 임차인으로 하여금 이를 사용하도록 했으므로 조합의 동시이행항변을 받아들였고, 의뢰인은 결국 지연이자를 받지 못하게 되었다. 실제의 재판 진행은 상당히 민감하고 예측하지 못한 상황들이 발생하므로 일반인이 혼자 소송을 진행하다가는 작은 실수로 인하여 연 5%나 연 12%의 이자를 받지 못하는 경우가 생긴다.

이미 조합명의로 신탁등기가 끝나 있는 경우 조합이 지급 거절할 수 있는 청산금의 범위

(대법원 2015. 11. 19. 선고 2012다114776 전원합의체 판결)

三

지연이자를 청구하기 위한 전제로서 청산자의 의무이행과 관련하여 최근에 나온 전원합의체 판결이 있어 소개한다.

사실관계

원고들은 피고 재건축조합의 조합원이었는데 분양신청기간에 분양신청을 하지 않았다. 원고들은 조합이 관리처분계획인가를 받기 전에 피고 조합명의로 소유권이전등기를 모두 마쳤다. 그리고 건물이 철거되기 전에 대지와 건물도 전부 인도하였다. 그런데도 조합이 청산금을 지급하지 않자, 조합을 상대로 청산금과 함께 그에 대한 지연이자를 청구한 사건이었다. 그런데 위 대지에는 근저당권이 설정되어 있었고 이는 변론 종결 당시까지 말소되지 않은 상태였다. 설명의 편의상 위 대지는 5억 원이고 근저당권의 채권최고액은 3억 원이었다고 하자. 사안에서 쟁점은, 아직 근저당권이 말소되지 않았는데도 지연이자를 받을 수 있는지 여부였다.

일반적인 매매계약의 경우

일반적으로 부동산 매매계약을 체결한 경우, 매도인은 매수인에게 부동산에 설정된 근저당권을 말소한 후 아무런 부담이 없는 상태의 완전한 소유권을 이전하여야 한다. 그리고 매도인의 완전한 소유권이전 의무와 매수인의 매매대금지급 의무는 동시이행관계에 있다. 즉, 매도인은 완전한 소유권을 이전하는 것과 동시에 매수인으로부터 매매대금을 지급받을 수 있다. 이에 따라 매매 목적물인 부동산의 근저당권이 말소되지 않은 경우, 매수인은 매매대금의 전부를 지급하지 않을 수 있다. 앞의 사실관계에서 보는 것처럼 5억 원인 집에 채권최고액 3억 원인 근저당권이 설정되어 있다면, 매수인은 3억 원만이 아니라 5억 원 전부를 지급하지 않을 수 있다. 매도인이 완전한 소유권을 이전해야 할 자신의 의무를 이행하지 않은 것이므로, 매수인이 매매대금을 지급하지 않더라도 지연이자를 지급할 필요가 없는 것이다. 위 판결의 사안에 일반적인 매매계약 법리가 적용된다면 조합은 근저당권의 채권최고액 3억 원만이 아니라 청산금 5억 원 전부에 대하여 동시이행항변을 할 수 있다. 실제로 조합은 위와 같이 주장했다.

이 사안에서 대법원의 판단

그러나 대법원은 재건축사업에서 토지등소유자가 재건축조합에 대하여 토지 등에 관한 소유권이전등기 및 인도를 마쳤으나 근저당권설정등기를 말소하지 아니한 경우라면, 일반적인 매매계약과는 달리, 재건축조합은 말소되지 아니한 근저당권 채권최고액 또는 채권최고액의 범위 내에서 확정된 피담보채무액에 해당하는 청산금에 대하여만 동시이행항변권에 기초하여 지급을 거절할 수 있다고 판결하였다. 좀 더 상세하게 설명하면, 5억 원인 대지에 최고액 3억 원의 근저당권이 설정되어 있다고 하더라도, 이미 청산자가 조합 앞으로 소유권이전등기를 마쳤고 부동산도 인도하는 등 자신의 의무를 다하였다면 근저당권의 채권최고액(채권최고액 범위 내에서 피담보 채권액이 확정된 경우 그 금액)에 대해서는 지연이자를 지급하지 않아도 된다는 것이다. 즉, 5억 원에서 3억 원을 뺀 나머지 2억 원에 대하여는 청산자에게 연 5%나 연 12%의 지연이자를 지급하여야 한다는 판단이다.

판단 이유

대법원에서는 판단의 근거로 다음과 같은 이유를 들었다.

① 재건축사업에서는 도시정비법 제73조(구 도시정비법 제47조)에 의하여 소유자가 자신의 의사와 무관하게 재건축조합에서 건물과 토지 등을 현금으로 청산받아야만 한다.

② 그 과정에서 재건축조합과 협의가 이루어지지 아니한다면, 소유자는 위 근저당권을 재건축조합에 인수시키는 내용으로 계약을 체결할 기회도 없이 근저당권설정등기의 말소의무를 부담한다.

③ 등기를 마치고 부동산을 인도받은 조합은 재건축사업을 추진하는 이익을 누릴 수 있고, 소유자를 대신하여 근저당권의 채권최고액의 범위 내에서 확정된 피담보채무를 변제하고 근저당권의 소멸을 청구할 수도 있는데, 위 등기가 말소되지 아니하였다는 이유로

청산금 전부의 지급을 거절할 수 있다고 하는 것은 현금청산의 기한을 90일로 정하고 있는 도시정비법의 취지에 부합하지 않는다.

④ 재건축조합은 필요한 경우 스스로 소유자에게 근저당권설정등기를 말소하는 데 필요한 금액을 뺀 나머지 금액만을 지급하고 소유권이전등기와 인도를 청구할 수 있다.

위 판결의 의미

위 판결은 신탁등기가 되어 있는 경우가 아닌 일반적인 매도청구, 현금청산소송에서도 유추 적용이 가능할 것으로 보인다. 즉, 근저당권이 말소되지 않은 상태에서도 근저당권 채권최고액 또는 확정채무액을 제한 나머지 금액에 대해서는 연 5%나 연 12%의 지연이자 청구가 가능하다고 보는 것이 타당하다. 아직 관련 판례가 나오지 않았고, 반드시 그렇다고 장담을 할 수는 없지만 시도는 해볼 만하다고 생각한다.

사업비,
현금청산자도 분담해야 하나

앞서 잠깐 언급했듯이 소유자가 현금청산을 할 때 조합에서는 사업비 공제항변을 한다. 현금청산대상자는 분양신청기간 종료일 다음 날부터 조합원 자격을 상실하게 된다. 이 말을 뒤집으면 그때까지는 조합원 자격을 유지하고 있었다는 의미다.

그러므로 조합에서는 청산자가 조합원으로 있는 동안의 조합원으로서의 의무, 즉 조합의 사업비와 운영비를 분담할 의무가 있다고 주장하는 것이다.

재개발, 재건축에서 현금청산자의 사업비 부담에 대한 대법원 판결

三

대법원은 그동안 재개발, 재건축사업의 경우 조합 정관 등에 미리 정한 경우가 아닌 한, 청산대상자는 그동안 조합의 사업비를 분담할 의무가 없다는 취지로 판시하였다(대법원 2014. 12. 24. 선고 2013두19486 판결, 대법원 2016. 8. 30. 선고 2015다207785 판결 등 참조).

최근 대법원은 위 판시내용에 더하여 "현금청산 대상자가 부담하게 될 비용의 발생 근거, 분담 기준과 내역, 범위 등을 구체적으로 규정하여야 한다."고 판시하였다.

대법원 2021. 4. 29. 선고 2017두48437 판결

현금청산 대상자에게 정관으로 조합원 지위를 상실하기 전까지 발생한 정비사업비 중 일부를 부담하도록 하기 위해서는 정관 또는 정관에서 지정하는 방식으로 현금청산 대상자가 부담하게 될 비용의 발생 근거, 분담 기준과 내역, 범위 등을 구체적으로 규정하여야 한다. 이와 달리 단순히 현금청산 대상자가 받을 현금청산금에서 사업비용 등을 공제하고 청산할 수 있다는 추상적인 정관의 조항

만으로는, 현금청산금에서 사업비용을 공제하는 방식으로 사업비용을 부담하도록 할 수 없다. 그 구체적인 이유는 다음과 같다.

재건축조합의 현금청산 대상자에게 조합원의 지위를 보유하는 기간에 발생한 정비사업비 중 일정 부분을 분담하여야 한다는 취지를 정관으로 정하는 경우 그러한 사업비용은 잔존 조합원이 부과금의 형태로 부담하는 비용과 동일한 성격의 것으로 볼 수 있으므로, 잔존 조합원에 대한 비용 부담 절차와의 형평이 유지되어야 한다. 또한, 도시정비법이나 정관에서 조합원이 된 토지등소유자에게 현금청산을 통해 조합관계에서 탈퇴할 기회를 보장하고 있음에도, 예측하지 못한 과도한 비용 부담으로 그 기회를 부당하게 제한하거나 조합관계에서 탈퇴하였다는 이유로 합리적인 범위를 넘어서는 불이익을 강요해서는 안 된다.

〈중간생략〉

비용 부담과 관련하여 잔존 조합원에게 보장되는 절차적 정당성 등을 고려할 때, 탈퇴하고자 하는 조합원에게 비용 부담에 관하여 필요하고도 충분한 정보를 제공하여 합리적으로 탈퇴 여부를 결정할 수 있도록 현금청산 대상자가 조합관계의 탈퇴 시점에서 부담하게 될 비용의 발생 근거, 분담 기준과 내역, 범위 등에 관한 구체적 정보를 정관 등으로 규정할 필요가 있다. 추상적으로 사업비용을 부담한다는 내용의 정관 조항만을 근거로 현금청산 대상자가 예상하지 못한 내용과 규모의 정비사업비를 부담하도록 하는 것은 잔존 조합원과 탈퇴 조합원 사이의 형평에 반하게 된다.

〈중간생략〉

이와 같이 정관으로 현금청산 대상자에게 정비사업비 중 일정 부분을 부담하도록 정하는 경우, 정비사업의 시행에 따른 손익을 조합원이 부담하게 되는 재건축사업의 특성과 현금청산 대상자가 정비사업의 종료 이전에 조합관계에서 탈퇴한다는 점을 고려하여 그 비용 항목과 금액은 탈퇴 시점에서 현금청산 대상자가 부담하는 것이 타당한 범위 내의 합리적 비용만을 한정하여 규정할 필요가 있다.

정관 규정이 있은 이후에 청산자가 된 자는?

≡

위 판결은 청산대상자 발생 전에 미리 정관이나 결의 또는 약정 등으로 사업비분담을 규정해둔 경우 등에 한하여 사업비분담을 시킬 수 있는데 원고 조합은 그렇지 않았다는 점을 주된 이유로 하고 있다. 그렇다면 현금청산 시 사업비분담을 규정하는 '정관'이 총회에서 의결되고 효력이 발생한 후에 청산자가 된 자는 무조건 그에 따라 사업비를 분담하여야 하는지가 문제로 남는다.

판례는 정관에 규정이 있었던 경우뿐 아니라 조합설립 후 정관을 규정하여 사업비를 부과하도록 한 이후에 현금청산자가 된 경우에는 사업비를 공제하여야 한다고 인정한 바 있다.

포괄적이고 막연한 사업비 개념,
이에 대한 대법원 판례 등장

≡

그리고 정관이나 총회에서 의결로 막연히 '사업비'를 분담시킨다고 규정했을 경우 그 범위도 문제가 된다. 간혹 조합에서는 현금청산비용까지 조합의 사업비로 잡는 경우가 있는데, 조합은 현금청산을 하고 청산자의 부동산을 취득한 것이므로 현금청산비용을 지출된 사업비로 잡아서는 안 된다. 그래서 조합이 사업비 공제항변을 하는 경우 부적절한 금액은 빼도록 해야 한다. 또한 사업비란 공사비, 설계비, 정비사업 전문 관리업자의 용역비, 법무용역비, 철거비, 총회개최비용, 인쇄비 등 실로 다양한 것이어서 중도에 포기하고 나가는 청산대상자에게 부담시키기에 곤란한 것이 매우 많다. 그래서 장래 완공된 건물의 미래가치가 투영된 부분, 즉 기존의 사업비라기보다는 미래가치 창출을 위하여 지출한 것으로서 중도 이탈자인 청산자가 부담하기에 적절하지 않은 비용에 대하여는 다툼의 여지가 많다.

위와 같은 사업비 개념의 모호성으로 인하여 대법원은 현금청산 대상자에게 부과하는 정비사업비는 잔존 조합원의 부과금의 형태로 부담하는 비용과 동일한 성격의 것이므로 그 형평이 유지되어야 하고, 도시정비법이나 정관에서 조합관계에서 탈퇴할 기회를 보장하고 있음에도, 과도한 비용부담으로 그 기회를 부당하게 제한하거나 합리적인 범위를 넘어서는 불이익을 강요해서는 안 된다는 것을 근거로 2021. 4. 29. 선고 2017두48437 판결에서는 "현금청산 대상자에게 정관으로 조합원 지위를 상실하기 전까지 발생한 정비사업비 중 일부를 부담하도록 하기 위해서는 정관 또는 정관에서 지정하는 방식으로 현금청산 대상자가 부담하게 될 비용의 발생 근거, 분담 기준과 내역, 범위 등을 구체적으로 규정하여야 한다. 이와 달리 단순히 현금청산 대상자가 받을 현금청산금에서 사업비용 등을 공제하고 청산할 수 있다는 추상적인 정관의 조항만으로는, 현금청산금에서 사업비용을 공제하는 방식으로 사업비용을 부담하도록 할 수 없다"고 판시하였다.

그러나 위 대법원 판례에 의하더라도 정관에서 어느 범위까지 사업비에 포함시켜 청산자에게 분담하게 할 것인지에 대하여는 명확하지 않다. 따라서 앞으로 해당 내용에 대한 다각적인 측면의 판결이 많이 나와야 위 문제가 해결될 수 있을 것이다.

공동 상속인의 분양신청에서 문제가 되는 경우

재개발 재건축 구역에서 조합원이 사망하였고 여러 명 공동으로 상속하게 되었을 때 상속인들은 어떻게 분양신청을 해야 하는지, 그리고 상속인이 실종 등으로 연락이 안 될 경우 어떻게 처리해야 하는지 실제 발생한 사례 몇 가지를 소개한다.

조합원 사망 시 상속인들은 대표조합원을 선임해야

조합원이 사망하여 여러 명이 부동산을 상속하면 상속인들은 해당 부동산의 공유자이기 때문에 상속인 '전원'이 1인의 대표조합원을 선정하여 분양신청을 해야 한다. 도시정비법 제39조 제1항과 재개발 재건축 표준정관 제9조 제3항에 의하면 여러 명이 부동산을 공유하는 경우 그 모두를 1인의 조합원으로 취급하고, 공유자들은 1인의 대표조합원을 선정하여 분양신청을 해야 하기 때문이다.

그런데 상속개시 전에 실종되어 연락이 두절되거나 뇌사상태, 치매 등 의사표시 자체가 불가능한 상속인이 있을 때는 대표조합원 선임 자체가 불가능한 경우도 있다.

실종선고 등 법원의 결정이 필요

≡

상속개시 전에 상속인들 중 실종된 사람이 있을 경우에는 실종선고를 받아서 상속인 지위를 상실시킬 필요가 있다. 실종된 사람은 연락 자체가 안 되기 때문에 대표조합원 선임 동의 자체가 불가능하다. 이 경우 신속하게 법원으로부터 실종선고를 받아서 상속인 지위를 상실시키면, 더 이상 공유자의 지위에 있지 않기 때문에 대표조합원 선임 동의를 받을 필요가 없다.

성년후견제도 적극적으로 활용하자

≡

연세가 많은 노인 중에는 중증 치매 등 질병이 있거나 예기치 않은 사고로 '뇌사' 상태에 있는 사람도 있다. 이들은 의사소통 자체가 불가능하여 대표조합원 선임 동의서를 작성하기 어렵기 때문에 이들이 행한 대표조합원 선임 동의 자체가 무효처리 될 수도 있다.

재개발 재건축 아파트 분양을 신청해야 하는데, 공유자인 부모님이 중증 치매를 겪고 있거나 자식이 사고로 인하여 뇌사상태에 있는 상황이라면 '성년후견제도'를 적극 활용하기를 권한다. 법원으로부터 선임된 성년후견인이 피후견인의 재산에 대한 관리권이 있으므로, '대표조합원 선임동의서' 작성을 할 수 있는 권한이 있다.

실종재판이 진행 중이라도 일단 분양신청서를 제출하자

≡

실종재판이 진행 중이라도 일단 위와 같은 상황을 소명하면서 나머지 상속인들만이라도 분양신청을 해야 한다. 실종재판이 확정되면 실종 시로 소급하여 사망한 것으로 간주되기 때문에 위 분양신청 자체가 적법이 될 수 있다.

조정신청으로 분양신청을 인정받은 사례

≡

최근 재건축구역의 조합원이 사망하였는데 상속 개시 전에 실종된 상속인이 있었던 사안에서 상속인들은 수원지방법원 안양지원에 조정을 신청하였다. 이때 법원은 "상속인 중 1인에 대하여 추후 실종선고가 확정된 후 상속인들이 대표소유자 선임동의서를 제출하면, 조합은 상속인들에 대하여 조합원 지위를 인정하고 신청인들에게 조합원 분양아파트(101A형)를 분양한다"라는 취지로 조정조항을 작성하였는데, 상속인들과 조합 모두 이의를 제기하지 않아 확정된 사례가 있다(수원지방법원 안양지원 2017머100549).

조합원자격과
분양자격의 쟁점들

나는 몇 채의 주택을 분양받을 수 있을까
- 조합원 분양자격(입주권)

≡

재개발 재건축에 참여하려는 조합원들의 가장 핵심적인 권리는
'조합원의 분양청구권'이다. 조합원들의 지상 목표는 새 집을 받는
것이다. 새 집을 받기 위해서 낡은 집을 출자한다. 따라서 조합원들
은 필연적으로 새 집을 분양받을 수 있는지, 분양받으면 몇 채나 분
양받을 수 있는지 관심을 둘 수밖에 없다. 도시정비법과 각 시·도
조례를 잘 살펴보는 수밖에 없다. 하지만 법령을 세밀히 살펴보아도
언제 어떠한 경우에 조합원으로서 몇 개의 주택을 분양받을 수 있

는지 쉽게 알기 어렵다. 특히 조합원 지위 및 분양자격이 따로 규정되어 있고 허용규정과 예외, 예외의 예외로 복잡하게 얽혀 있어 전문가라도 이를 명확하게 해석하는 것이 어려운 게 현실이다.

입주권과 분양권 - 용어의 구별

≡

흔히 조합원으로서 분양받을 권리는 '입주권'이라는 용어를, 청약과 당첨에 따라 분양받을 일반분양자의 권리는 '분양권'이라는 용어를 사용한다. 이러한 구별 방법은 도시정비법이 아닌 소득세법에 따른 구별이다. 도시정비법과 판례는 '조합원 분양자격' 또는 '조합원 분양청구권'이라는 표현을 쓸 뿐이다. 따라서 세법의 영역이 아닌 한 엄밀하게 '입주권'이라는 표현은 법률적으로 정확한 표현이라고 할 수 없다(입주권을 받기 위한 소송을 제기할 때에도 '입주권'이라는 표현은 쓰지 않는다). 물론 실제 거래에서는 대다수 사람들이 '분양권'과 구별하여 '조합원 입주권'이라는 용어를 사용하고 있는 만큼, 투자자 입장에서는 '입주권'이라는 용어에 좀 더 친숙해질 필요가 있기는 하다. 다만 이 책에서는 조합원자격과 분양자격을 법률적으로 구별하기 위하여 입주권보다는 분양자격이라는 용어를 주로 사용하였다.

조합원자격과 분양자격의 구별

三

조합원자격과 분양자격은 같은 의미인가. 즉, 조합원자격이 있으면 당연히 조합원 분양자격도 있을까? 통상 조합원자격이 있으면 분양자격이 있기는 하다. 하지만 조합원자격이 있다 하더라도 조합원 분양을 받지 못하는 경우가 있고, 반면 조합원자격은 없으나 분양자격은 있는 경우도 드물게 있다. 왜 이런 결과가 발생할까? 그건 도시정비법이 조합원자격과 분양자격을 따로 따로 규정하고 있기 때문이다. 현행 도시정비법은 조합원의 자격 범위에 관하여 제39조 등 앞부분에서 규정하고 있는 반면, 분양자격은 관리처분계획을 규정한 도시정비법 제76조, 제77조와 시행령, 각 시·도 조례에서 구체적으로 규정하고 있다.

그러면 조합원자격과 분양자격은 완전히 별개인가? 또 그렇지도 않다. 분양자격은 기본적으로 조합원자격을 전제로 하고 있는 것이기 때문에, 일부 예외적인 경우를 제외하고는 조합원자격이 있어야 분양자격도 있다. 예를 들어 투기과열지구 내의 재건축조합원이 조합설립인가 후 재건축 아파트를 양도하면 양수인은 조합원자격을 취득할 수 없고, 동시에 조합원 지위를 전제로 한 분양자격 역시 당연히 상실된다.

하지만 곳곳에서 조합원 자격과 분양자격의 범위가 일치하지 않

223

아 언제 단독 분양자격이 온전히 부여되는지 쉽게 파악하기 어려운 경우가 많다. 양 자격을 일치시키지 않는 한 앞으로도 조합원자격과 분양자격 간의 구별로 인한 다툼은 계속될 전망이다.

1세대 1주택 분양의 원칙

도시정비법은 사업시행자가 관리처분계획을 수립할 경우 1세대 또는 1명이 하나 이상의 주택 또는 토지를 소유한 경우 1주택을 공급하게끔 규정하고 있다(제76조 제1항 제7호). 이른바 1세대 1주택 공급의 원칙이다. 따라서 1명의 조합원(1세대인 경우 여러 명이라도 1명의 조합원으로 취급됨)이 구역 내 여러 개의 부동산을 소유하였다 하더라도 원칙적으로는 조합원으로서 1채의 주택만 공급받을 수 있다.

분양자격을 자꾸만 쪼개고 싶어진다 - 지분쪼개기

우리나라는 신축주택의 공급이 늘 원활하지 않다. 따라서 헌 주택 여러 채를 가지고 있는 사람이나 면적이 아주 넓은 땅을 가지고 있는 사람 입장에서는 어차피 1채밖에 못 받을 권리를 미리 쪼개어 여러 채를 분양받을 수 있는 권리를 갖고 싶을 것이다. 그렇게 함으로써 부동산의 가치를 높일 수 있기 때문이다. 이렇게 재개발 재건축 내에 보유한 권리를 쪼개는 것을 소위 '지분쪼개기'라고 한다. 하지만 국가 입장에서는 주택 공급의 수를 효과적으로 제한하여야 할 필요가 있다. 그렇다고 헌법상 부여된 권리인 재산권을 스스로 쪼개고 양도하는 것을 무제한적으로 막을 수도 없다. 따라서 법률은 일정한 시점을 기준으로 '지분쪼개기' 행위를 하더라도 분양자격이 나누어질 수 없도록 정하고 있다.

조합설립인가일 이후 다물권자로부터
일부 권리를 이전받은 사람 - 지분쪼개기?

도시정비법 제39조 제1항은 "조합설립인가일 후 토지등소유자로부터 토지 또는 건축물의 소유권이나 지상권을 양수하여 여러 명이 소유하게 된 때"에는 그 여러 명을 대표하는 1명을 조합원으로 본다. 쉽게 말하면 정비구역 내에서 1인이 여러 개의 물권을 소유하고 있는데, 조합설립인가일 이후에는 제3자가 그 중 하나를 취득하더라도 독자적인 조합원자격과 동시에 '독자적인 분양자격'을 가질 수 없다는 의미이다(이론상 공유자와 동일하게 취급된다). 이른바 '다물권자 지분쪼개기'이다.

그런데 이러한 다물권자 지분쪼개기는 '조합원자격'만 규율하는 것일 뿐, 분양자격을 규율하는 것이 아니라는 반론이 있다. 즉, 조합설립인가 후 다물권자로부터 일부를 양수한 자는 양도인과 합하여 1명의 조합원이 되기는 하나, 조합원자격과 분양자격은 별개이므로, 적어도 분양 자격만큼은 각자 받는다는 해석이다. 이러한 논리대로라면 구역 내 여러 개의 부동산을 보유한 다물권자가 조합설립인가일 이후 가지고 있던 부동산 중 일부를 양도한 경우에도 분양자격이 쪼개질 수 있게 된다.

이러한 해석에 대해, 법제처는 분양자격 역시 쪼개질 수 없고, 양도인과 양수인이 합하여 1개의 분양자격만을 갖는다는 해석을 내놓은 바 있다. 정부의 입장에서는 자칫 투기를 조장할 수 있는 해석을 쉽게 허용하기는 어려웠을 것이다.

그러나 조합원자격과 분양자격은 구별되는 개념일 뿐만 아니라, 조합원자격 범위와 분양자격이 반드시 일치하여야 한다고 볼 명문과 근거도 없다. 따라서 이러한 반론은 논리적으로 상당한 설득력을 가지고 있었다. 일부 법원 역시 위 반론과 동일한 해석론을 채택하여, 다물권자로부터 조합설립인가일 이후 일부를 양수한 자에게도 독자적인 분양자격이 있다고 판결을 내린 바 있다(광주고등법원 판결). 다만 유사한 사례에서 기존 법제처 해석과 같은 취지로 독자적인 분양자격을 부정한 하급심 판결도 있어(부산고등법원 판결), 법원의 결론은 명확하지 않다. 앞으로 대법원 판결이나 입법을 통해 최종적인 의견이 정리되어야 할 것이다.

지분쪼개기의 핵심 - 권리산정기준일

≡

지분쪼개기의 또 다른 핵심은 바로 권리산정기준일이다. 다물권자 지분쪼개기가 '조합설립인가일'을 기준으로 판단되는 반면, 권리산정기준일은 '정비구역지정고시일'을 기준으로 판단된다(예외적으로 시도지사가 달리 정할 수도 있다). 권리산정기준일은 독자적인 분양자격을 판가름하는 기준 시점이다. 따라서 지분쪼개기를 잘 하려면 반드시 권리산정기준일 전에 쪼개는 행위를 하였어야 한다.

그럼 지분쪼개기 행위는 어떤 행위가 있을까? 구체적인 행위로, 도시정비법은

- 1필지를 여러 필지로 분할하는 행위
- 다가구주택의 다세대 전환 행위
- 하나의 대지 범위 내에 속하는 동일인 소유의 토지와 주택 등

건축물을 각각 분리하여 소유하는 행위

- 나대지에 건물을 신축하거나 기존 건축물을 철거하고 다세대
  주택 등을 건축하여 토지등소유자를 늘리는 행위를 규정하고
  있다.

그 외에도 각종 시도 조례는 권리산정기준일을 분양자격 산정에
더할 수 있는 공유면적 소유의 기산점 등을 판단하는 기준시점 등
으로도 사용하고 있다.

구조례인가 신조례인가

三

서울시의 경우 조금 독특한 방식으로 권리산정기준일이 운용된
다. 도시정비법은 2009년 2월 6일 개정을 통하여 권리산정기준일
을 처음 도입하였다. 하지만 서울시는 도시정비법이 개정되기 한참
전부터 조례를 통해 직접 분양 자격에 관한 권리산정기준일을 운용
하고 있었다. 기존 서울시 조례의 권리산정기준일은 바로 "2003년
12월 30일"이었다. 이 날짜를 기준으로 그 전에 쪼개기 행위를 했
다면 분양자격을 인정받고, 그 후에 한 경우에는 분양자격을 인정받
지 못하였던 것이다(다만 기존 건물을 철거하고 다세대주택을 신축한 행

위는 예외적으로 2008년 7월 30일 건축허가를 받았는지 여부를 기준으로 구별한다).

그런데 위 2003년 12월 30일은 서울시 조례가 규제를 시작한 날이었다. 그러다 보니 2003년 12월 30일 이후 정비구역으로 지정된 서울시 소재 재개발 재건축 구역들의 경우, 권리산정기준일의 설정에 각 구역의 사정이 전혀 고려되지 못하였다. 즉, 위 조례는 구체적인 사정을 고려하지 아니한 채 단지 획일적으로 특정 날짜를 기준으로 권리를 제한하여, 구역 내 소유자들의 많은 비판을 받았다.

이에 도시정비법은 2009년 2월 개정을 통해 각 정비구역의 사정을 고려하여 '정비구역지정고시일'을 권리산정기준일로 정하였다. 조례보다 힘이 더 센 법률이 직접 권리산정기준일을 정한 셈이다. 그렇다면 서울시 조례는 곧바로 적용이 배제되는 것일까?

서울시는 위 개정 도시정비법의 적용 범위를 곧바로 인정하지 않았다. 그러다가 2010년 7월 16일 법률과 유사한 방향으로 조례를 개정하였으나, 그 조례 시행일 이후 최초로 기본계획(정비예정구역)이 수립되는 지역에 대해서만 도시정비법상의 권리산정기준일(정비구역지정고시일)을 따르고, 조례 시행일 전 이미 기본계획이 수립되어 있는 지역은 기존 조례상의 권리산정기준일(행위에 따라 2003년 12월 30일 또는 2008년 7월 30일)이 계속해서 적용되도록 한 것이다.

위와 같이 상위 규정인 법률의 적용시기를 하위 규정인 조례가 임의로 정할 수 있는지에 대해 논란이 있었으나, 서울고등법원은 조례로 하여금 분양자격을 구체적으로 정할 수 있는 점을 근거로 적법하다고 판시한 바 있다.

그리하여 서울시 조례에 한하여, 통상 2010년 7월 16일 이후 기본계획이 수립된 지역에서 적용되는 조례는 '신조례', 2010년 7월 16일 전 이미 기본계획이 수립된 지역에 적용되는 조례는 '구조례'라고 부르며, 권리산정기준일을 달리 적용하고 있다. 따라서 서울시에 소재한 정비구역의 경우 신조례와 구조례 중 어느 조례가 적용되는지에 따라 분양자격 여부가 극과 극으로 나뉠 수 있어 주의하여야 한다.

공유자의 경우에도 때에 따라선 각자 분양받는다

三

구역 내의 토지나 건축물을 공유지분으로 소유한 경우 소유한 사람 전원을 1명의 조합원으로 본다. 따라서 공유자들은 권리행사를 하려면 대표 소유자를 선임하여야 한다. 하지만 분양자격은 다르다. 서울특별시를 기준으로 공유지분 면적이 $90m^2$ 이상인 경우, 독자적인 재개발조합의 분양자격(입주권)을 갖는다. 조합원자격 범위와 분양자격이 일치하지 않는 대표적인 예이다.

무허가건축물의 경우

─

　무허가건축물 소유자(엄밀히는 소유자도 아닌 매수자 내지 처분권자에 불과한 경우가 대부분이다)는 원칙적으로 주택을 분양받을 수 없다. 다만 서울특별시를 기준으로, 1989년 1월 24일 당시의 무허가건축물(이를 '특정무허가건축물'이라 한다)로서 '주거용으로 사용하고 있는' 특정무허가건축물의 경우는 정관에서 분양자격을 부여하기로 정한 경우 재개발구역의 분양자격이 있다. 다만 현행 서울시 정비조례는 특정무허가건축물 소유자의 조합원자격과 분양자격을 모두 정관으로 정할 수 있도록 하므로, 특정무허가건축물로 분양자격을 받는 경우에도 정관에 따라 조합원의 자격이 없는 경우가 있을 수 있다. 즉, 정관에 정하기 나름이다(다만 현행 재개발조합들은 대부분 서울시의 권고를 수용하여 특정무허가건물 소유자들에게 조합원자격 및 분양자격을 부여하고 있다).

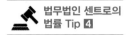

수용절차 이해 및
소유자의 대응방법

　재개발사업에서 분양신청을 하지 않거나 분양신청을 했음에도 분양계약을 체결하지 않은 조합원들에 대해서는 조합이 수용절차를 통해 강제로 부동산을 취득하게 된다. 그 절차를 규정하고 있는 법률은 '공익사업을 위한 토지 등의 취득 및 보상에 관한 법률(약칭 토지보상법)'이다. 이하에서는 수용절차에 대한 개요와 함께, 보상금을 잘 받을 수 있는 방법을 정리해보았다.

1. 수용절차

① 토지·물건조서의 작성

↓

② 보상액의 산정
조합이 두 곳의 감정평가사(소유자 추천에 따라 세 곳일 수 있음) 선정

↓

③ 협의
위 평가사 2인의 산술평균 금액으로 각 소유자에게 3회 이상 협의통지

⬇ 협의 불성립

④ 지방토지수용위원회에 수용재결신청
조합만 신청 가능

⬇

⑤ 재결
토지수용위원회에서 감정평가 2인 선임하여 다시 감정평가(1차 증액)

⬇

⑥ 재결서 송달
재결서가 소유자에게 송달된 뒤 약 40일 전후로 보상금이 법원에 공탁됨

⬇

⑦ 보상금 수령에 관한 협의통지

⬇

⑧ 보상금 지급 또는 공탁
보상금을 직접 수령한 경우도 영수증을 첨부하여 수용등기 신청

⬇ 이의신청

⑨ 중앙토지수용위원회 재결
다시 감정평가(2차 증액. 그러나 건물의 경우 증액이 잘 안 되는 게 보통임)

⬇ 소 제기를 원하면

⑩ 행정법원 소 제기
다시 감정평가(3차 증액. 인지대, 송달료, 감정료 발생하는 것 고려 필요)

2. 더 친절한 설명

그림만으로 이해하기 어렵다면 다음 설명을 참고하면 된다.

① 토지·물건조서의 작성: 수용할 사람들이 가지고 있는 토지와
건물이 무엇인지를 조사하여 문서로 만든다. 조합이 조합원의 각

토지와 건물을 측량하여 조서를 작성하고, 토지소유자와 관계인에게 이를 확인·날인하도록 문서로 통보한다.

② **보상액의 산정:** 시행자 1인, 시·군·구 1인, 토지소유자(2분의1 이상 동의를 구할 경우) 1인으로 총 2인 내지 3인의 평가사가 감정한다.

③ **협의:** 감정금액을 산술평균한 금액을 기재하여 각 소유자에게 협의 취득을 위한 통지서를 발송한다. 30일 이상의 기간을 두고 3회 이상 통지한다. 협의가 성립되면 계약을 체결하는데, 당사자끼리 매매계약을 체결하는 것이라고 생각하면 된다.

④ **수용재결신청:** 협의가 성립되지 않은 사람들을 대상으로 한다. 조합만이 지방토지수용위원회에 재결을 신청할 수 있다.

⑤ **재결:** 지방토지수용위원회에서 위촉하는 감정인 두 명이 토지와 건물의 가격을 다시 평가한다. 통상적으로 처음의 감정가보다 높아진다(1차 증액).

⑥ **재결서 송달:** 각 소유자에게 재결서가 송달된다. 재결이 있는 경우에 조합은 수용개시일까지(통상 재결 이후 40일 전후임) 보상금을 공탁하여야 한다. 보상금을 공탁하지 않으면 재결이 실효된다.

⑦ **보상금 수령에 관한 협의통지:** 조합에서 소유자에게 재결에서 정해진 금액으로 협의할 것인지 여부를 묻는 통지서를 보낸다.

⑧ **보상금 지급 또는 공탁:** 협의가 안 되면 조합은 보상금을 공탁

한다. 이때 부동산의 소유권이 조합에게로 이전된다. 소유자가 이의신청을 하더라도 그와 관계없이 사업은 계속 진행된다.

⑨ **중앙토지수용위원회 재결:** 소유자가 이의신청을 하면 사건은 중앙토지수용위원회로 넘어가고, 위원회에서 위촉한 감정인 2명이 다시 감정을 하게 된다. 이때 2차 증액이 일어나는데, 건물의 경우 증액이 잘 안 된다. 그리고 대부분 증가의 폭도 1차 증액 시보다 작다.

⑩ **행정법원 소 제기(선택적):** 소 제기를 원하는 사람에 한하여 소송을 진행한다. 행정소송을 제기하기 전까지는 감정평가비용 등을 소유자가 부담할 필요가 없다. 그러나 소를 제기하면 감정평가비용을 소유자가 부담해야 한다. 인지대, 송달료 등도 발생한다. 이후 고등법원, 대법원에서도 다퉈볼 수는 있으나 실익이 없다. 1심에서 감정평가가 이루어진 후 2심인 고등법원에서는 재감정을 하지 않으려는 경향이 있고, 재감정을 한다고 하더라도 상승폭이 그리 크지 않기 때문이다. 이런 점에서 무조건 소를 제기하는 것은 현명한 선택이 아니다. 전문 변호사와 상의한 후 실익이 있다고 생각되는 경우에 한하여 진행하는 것이 좋다.

3. 보상금을 잘 받기 위한 노하우

정당한 평가에 기초하여 보상금을 최대한 잘 받아야 하겠지만,

먼저 알아두어야 하는 것은 증액에 한계가 있다는 사실이다. 보상금 증액의 폭은 통상 5~6% 정도다. 잘 하면 10%까지 올라가기도 한다. 그러나 이는 최초의 감정평가에서 건물 일부가 누락되는 것과 같은 치명적인 오류가 있는 경우뿐이다.

주거이전비, 이주정착금

토지와 건물에 대한 보상 외에도 공익사업시행지구에 편입되는 주거용 건축물의 소유자와 세입자는 주거이전비를 받을 수 있다(토지보상법 시행규칙 제54조). 소유자에게는 2개월 분, 세입자에게는 4개월 분의 주거이전비가 지급된다. 소유자의 경우에는 이주정착금도 지급받을 수 있다(토지보상법 시행령 제40조, 제41조).

영업손실보상금

재건축과는 달리, 재개발에서는 영업손실보상을 받을 수 있다(토지보상법 시행규칙 제45조 이하).

현금청산 매도청구 관련 FAQ

다음은 우리가 상담을 하면서 자주 받았던 현금청산 매도청구에 관한 질문과 그에 대한 답변을 정리한 것이다.

1. 구 도시정비법의 경우

분양미신청을 이유로 한 재건축 매도청구 시 조합이 미리 협의를 거치지 않고도 소송을 제기할 수 있었다.

분양미신청 시에는 청산대상자가 된다. 이에 대하여 2018년 개정되기 전의 구 도시정비법 시행령 제48조에서는 시장·군수·구청장의 추천을 받은 감정평가사 2인의 평가액을 산술평균한 금액으로 미리 협의할 수 있다고 규정하고 있었다. 그러나 바로 소송을 한 경우라 하더라도 그 소송절차 내에서 이루어지는 협의도 유효하다는 대법원 판례가 있었다(대법원 2011다68180 판결). 그러므로 재건축조합에서는 별다른 협의 없이 곧바로 소송을 제기할 수도 있었다.

반면 재개발에서는 반드시 사전협의를 거쳐야 하고 소송이 아닌 수용절차가 진행된다.

2. 2018년 개정법의 경우

2018년 개정된 도시정비법 제73조 제1항과 시행령 제60조는 재건축도 재개발과 마찬가지로 청산하기 전에 원칙적으로 협의절차를 거쳐야 하는 것으로 규정하였다. 즉 관리처분계획인가가 고시된 다음 날부터 90일 이내에 협의를 하여야 하고, 협의기간 만료일 다음 날로부터 60일 이내에 매도청구소송을 제기하여야 한다고 규정하였다. 이로써 재건축에서도 매도청구소송제기 전의 사전협의 의무가 명시되었다. 다만 협의를 위한 감정평가방법에 대하여는 구체적인 방법을 기술해두지 않았다. 재개발의 경우에는 토지보상법 제68조 제1항에 따라 감정평가업자를 선정하도록 하였다.

도시정비법

제73조(분양신청을 하지 아니한 자 등에 대한 조치) ① 사업시행자는 관리처분계획이 인가·고시된 다음 날부터 90일 이내에 다음 각 호에서 정하는 자와 토지, 건축물 또는 그 밖의 권리의 손실보상에 관한 협의를 하여야 한다. 다만, 사업시행자는 분양신청기간 종료일의

다음 날부터 협의를 시작할 수 있다. 〈개정 2017.10.24.〉

1. 분양신청을 하지 아니한 자

2. 분양신청기간 종료 이전에 분양신청을 철회한 자

3. 제72조 제6항 본문에 따라 분양신청을 할 수 없는 자

4. 제74조에 따라 인가된 관리처분계획에 따라 분양대상에서 제외된 자

② 사업시행자는 제1항에 따른 협의가 성립되지 아니하면 그 기간의 만료일 다음 날부터 60일 이내에 수용재결을 신청하거나 매도청구소송을 제기하여야 한다.

③ 사업시행자는 제2항에 따른 기간을 넘겨서 수용재결을 신청하거나 매도청구소송을 제기한 경우에는 해당 토지등소유자에게 지연일수(遲延日數)에 따른 이자를 지급하여야 한다. 이 경우 이자는 100분의 15 이하의 범위에서 대통령령으로 정하는 이율을 적용하여 산정한다.

도시정비법 시행령

제60조(분양신청을 하지 아니한 자 등에 대한 조치) ① 사업시행자가 법 제73조 제1항에 따라 토지등소유자의 토지, 건축물 또는 그 밖의 권리에 대하여 현금으로 청산하는 경우 청산금액은 사업시행자

와 토지등소유자가 협의하여 산정한다. 이 경우 재개발사업의 손실보상액의 산정을 위한 감정평가업자 선정에 관하여는 「공익사업을 위한 토지 등의 취득 및 보상에 관한 법률」제68조 제1항에 따른다.

② 법 제73조 제3항 후단에서 "대통령으로 정하는 이율"이란 다음 각 호를 말한다.

1. 6개월 이내의 지연일수에 따른 이자의 이율: 100분의 5

2. 6개월 초과 12개월 이내의 지연일수에 따른 이자의 이율: 100분의 10

3. 12개월 초과의 지연일수에 따른 이자의 이율: 100분의 15

3. 2018년 개정법에 의한 조합의 소제기 의무 및 수용신청 의무

2018년 개정되기 이전의 법은 분양 신청을 하지 않아 현금청산자로 분류된 자에 대하여 매도청구소송과 수용재결신청을 언제 할 것인지를 조합이 마음대로 결정할 수 있었다. 따라서 조합에서는 조합의 형편에 따라 소송이나 수용재결신청 시점을 늦추기도 했다. 그러나 2018년 시행된 전부개정 도시정비법은 제73조 규정을 두어 관리처분계획인가고시 이후 일정 기간 내에 수용재결신청 내지 매도청구를 하도록 하였고, 위 각 절차가 지연되는 경우 해당 토지등소유자에게 지연이자를 지급하도록 하였다.

4. 청산자도 강제집행권리를 가지려면? 반소를 제기해야

그러나 조합이 소송을 제기하는 경우에는 오직 조합만이 판결에 따른 집행권원을 가지게 되어 조합이 원하는 때에 마음대로 집행하고 청산자에게 돈을 주게 된다. 즉, 청산자가 원하는 때 돈을 받을 수 없다. 다시 말하면, 판결이 확정된 후 집행력은 소송을 제기한 원고 조합에게만 있는 것이어서, <u>법원에서 "피고는 원고로부터 돈을 지급받음과 동시에 원고에게 소유권이전등기를 하라"고 판결하더라도 원고 조합이 피고에게 돈을 지급해야 하는 의무는 조건에 불과하고, 그 문구를 근거로 피고 측에서 미리 돈을 달라고 조합을 강제로 압박할 수는 없다.</u>

5. 청산자가 조합보다 먼저 본소를 제기할 수도 있나?

피고인 청산자가 집행력을 획득하려면 조합이 제기한 소송에 반소를 제기하거나 별도 소송을 제기해야 한다. 그런데 반소를 제기하는 것은 조합이 제기한 소송에 편승하는 것이므로 결국 조합이 소송할 때까지 기다려야 하는 문제점이 있다. 그러므로 신속히 재건축 사업에서 빠져나가고 싶다면 '자발적으로 먼저 청산금의 지급을 구하는 소를 제기하는 것'도 좋은 방법이다.

먼저 소송을 제기했을 때의 이점은 ① 집행권원을 획득한 후, 강제집행을 통해 청산금의 지급을 청구할 수 있고, ② 소송의 시점을 마음대로 조절할 수 있으며, ③ 감정신청을 청산자들이 자발적으로 하기 때문에 감정절차에서도 주도권이 청산자 측에 있게 되고, ④ 판결을 획득하면 혹시 조합이 해산될지도 모르는 상황에서 신속히 강제집행을 할 수 있으며, ⑤ 건물명도와 저당권말소를 포함한 이행제공을 해버리면 일정 시점부터 청산금에 연 12% 이자가 가산된다는 점이다. 반면에 단점으로는 '인지대, 감정료가 변호사 착수금과 거의 맞먹을 만큼 별도로 들어간다는 점'이 있다. 그러나 이 점도 청산자가 원고가 되었을 때 먼저 선납한다는 점이 있을 뿐, 소송에서 승소하면 패소자인 조합에게 최종 부담하게 할 수 있다는 점에서 그리 큰 문제는 아니다. 즉, 최초 비용을 누가 먼저 부담하고 재판 이후에 상대방에게 청구하느냐의 문제일 뿐 인지대, 감정료가 원고인 청산자에게 최종적으로 귀착되는 것은 아니다.

조합이 먼저 소송을 제기한 경우에는 조합이 인지대, 감정료를 내기 때문에 청산자는 부담이 없어 보이지만, 청산자가 패소하게 되면 청산자에게 인지대와 감정료를 부담하라는 판결이 선고된다. 다만 2018년 개정법에서는 관리처분계획인가고시 이후 약 90일이 지난 이후에는 그로부터 다시 60일 이내에 조합에게 소송제기와 수용신청 의무를 부과해두었으므로 조합이 소송을 예전처럼 지연시키면서 늦게 제기하지는 않을 것이다.

6. 최초 인지대를 줄이기 위해 청구액을 일단 줄일 수도 있나?

자기 부동산에 대한 감정평가가 얼마로 나올지는 정확히 모르므로 일단 소 제기할 때 2억 100만 원으로 청구하고 이에 따른 인지대 약 80만 원을 납부한다. 청구액이 2억 원 이하이면 판사가 한 명인 단독판사에게 배정되기 때문에 2억 100만 원으로 해두어야 합의부로 배정된다. 어차피 청산금은 대부분 2억 원을 초과하게 되므로 위와 같이 처리해도 상관없다. 나중에 감정평가를 받았는데 4억 5천만 원이 나온 경우에는 청구취지를 2억 100만 원에서 4억 5천만 원 또는 그 이상으로 확장하고, 그에 따른 추가 인지대를 내면 된다.

7. 현금청산금의 지급청구소송은 민사소송인가? 행정소송인가?

재개발 현금청산은 수용절차로 진행되고, 재건축 현금청산은 소송으로 하는데 재건축은 공익사업이 아니므로 민사소송으로 하는 것이 법리상 맞다. 즉, 도시정비법 제73조(구 도시정비법 제47조)의 현금청산금 지급의무의 이행은 사법상 금전지급의 성격을 갖고 있으며 행정청의 처분이 전혀 개입되어 있지 않다는 점에서 민사소송으로 보는 것이 맞다. 그러나 서울고등법원이 재건축에 대하여도 현금청산소송을 행정법원으로 이송시킨 후 각급 법원에서도 행정법원으로 이송시키고 있는 경우가 많다. 그러나 아래의 대법원 판례가 있으므로 재건축매도청구(현금청산 포함)는 민사소송이라고 봐야 한다.

대법원 2010.4.8. 선고 2009다93923 판결【소유권이전등기】

구 도시 및 주거환경정비법(2007. 12. 21. 법률 제8785호로 개정되기 전의 것, 이하 '구 도시정비법'이라 한다)상 주택재건축정비사업조합이 공법인이라는 사정만으로 조합 설립에 동의하지 않은 자의 토지 및 건축물에 대한 주택재건축정비사업조합의 매도청구권을 둘러싼 법률관계가 공법상의 법률관계에 해당한다거나 그 매도청구권 행사에 따른 소유권이전등기절차 이행을 구하는 소송이 당연히 공법상 당사자소송에 해당한다고 볼 수는 없고, 위 법률의 규정들이 주택재건축정비사업조합과 조합 설립에 동의하지 않은 자와의 사이에 매도청구를 둘러싼 법률관계를 특별히 공법상의 법률관계로 설정하고 있다고 볼 수도 없으므로, 주택재건축정비사업조합과 조합 설립에 동의하지 않은 자 사이의 매도청구를 둘러싼 법률관계는 사법상의 법률관계로서 그 매도청구권 행사에 따른 소유권이전등기의무의 존부를 다투는 소송은 민사소송(民事訴訟)에 의하여야 할 것이다.

4장

끝까지 계속되는
갈등과 충돌

관리처분계획으로
무엇이 달라지나

　관리처분계획은 이미 틀이 짜인 건축계획을 가지고 종전자산을 어떻게 종후자산으로 배분하느냐 하는 환권계획이다. 종전자산을 가지고 종후자산을 조합원들에게 어떻게 배분할 것인지를 정하는 것이다. "당신은 종전자산이 얼마고, 종후자산을 85m²로 선택했으니, 얼마를 더 내면 된다"고 통보한다. 물론 사업계획이 변하기도 하고, 그에 따라 관리처분계획도 변하기도 하지만 우선 그 시점에서의 결과를 알려주는 것이다.

관리처분계획의 부결은 쉽지 않다

위와 같이 종전자산이 얼마이고 추가부담금이 얼마인지 관리처분계획총회를 한 달 앞두고 알려준다(구 도시정비법 제48조). 그걸 보고 '이게 뭐야? 내 집 값이 너무 적잖아!'라고 생각해도 때는 이미 늦다(다만, 이 점은 2018. 2. 9. 법개정으로 치유되었다). 사업이 관리처분계획 수립 단계까지 오게 되면 유일한 저지 방법은 관리처분계획을 부결시키는 것뿐이다. 그러나 부결시키기는 굉장히 어렵다. 우리도 2~3건 본 것이 전부다. 대부분 잘 안 된다. 조합원이 2~300명인 경우에는 가능할 수도 있는데, 그 정도 규모라면 "이번 관리처분계획은 부결시킵시다!"라고 행동대원 몇 명이 나서면 응집력이 생길 수 있기 때문이다. 그러나 6~700명이 넘어가는 조합은 통제가 안 된다. 그리고 계획대로 통과시키려는 사람들도 사람을 풀어서 설득하기 때문에 의견을 모으기가 쉽지 않다. 주로 상가 소유자이거나 아파트의 대형 평형 소유자들이 반대하는데, 이들은 소수이므로 관리처분계획의 부결은 어렵고 관리처분계획인가에 대하여 취소 또는 무효소송을 하게 된다.

그럼에도 관리처분계획이 조합원들 재산권의 본질적인 부분을 중대하게 침해하고 조합원들 간 권리 배분의 왜곡을 불러와 형평에 현저히 반하는 경우에는 그 결의는 위법하다. 대법원은 "조합원들 사이에 권리의 차등을 두는 총회 결의는 특별한 사정이 없는 한 무효"라고 판시(2012두5572 판결)하기도 하였으므로 사안에 따라 관리처분계획이 취소될 여지가 있다.

자기 재산이 가치가 있지만 그동안 소수라서 의결절차에서 소외됐다고 생각하는 사람들이 그간의 모든 절차를 문제 삼으면서 소송을 한다. 조합장을 고발하고, 집행부를 교체하려고 선임무효소송을 하며, 그 모든 배후에 시공사가 있다고 생각하면 시공사 선정 무효확인소송을 하기도 한다.

관리처분계획인가를 받으면 명도소송이 진행된다

관리처분계획인가를 받으면 조합은 명도소송을 제기한다. "땅 파야 되니까 나가!"라고 소송을 하는 것이다. 명도를 거부하는 모든 사람들에 대하여 청구를 한다. 때로는 임원이 명도를 거부하기도 한다. 청산자에 대하여는 매도청구소송이나 수용을 하고, 분양신청자를 대상으로는 동·호수를 추첨하고 분양계약을 체결한다. 이제 사업은 이주, 철거, 착공의 수순이 남아 있다. 철거의 회오리바람이 불고 순한 양처럼 몰려다니던 조합원들은 이제 그 세력이 완전히 각개격파된다. 따라서 관리처분계획인가는 아주 강력하다. 인가를 받으면 게임 끝이라고 보면 된다.

재건축에서는 신탁등기소송이라는 것도 한다. 분양신청을 한 조합원에 대하여 등기이전을 구하는 소송이다. 이렇게 소송이 쏟아지고 일부 조합원들은 조금이라도 돈을 많이 받기 위하여 버티기에 들어간다. 한판 전쟁이 벌어진다.

문제 있는 사업진행,
어떻게 해야 하나

최근에 상담을 해보면 "뭔가 분명히 문제가 있는데 해결책이 안 보이네요. 어떻게 해야 할까요?"라는 질문을 받는다. 주로 강북지역의 재개발에 다음과 같은 경우가 많다. 현재 조합집행부의 행태에는 반대하지만, 방법론에서는 견해를 달리하는 세 가지 부류가 있다. 해산파, 개별 청산파, 집행부 장악파다.

① 해산파 – 해산하자!

조합사업이 영 사업성이 없는데 집행부가 시공사와 결탁하여 사업을 강행한다. 조합을 해산하고 싶다. 현재 해산동의서가 약 48% 걷혔는데 더 이상은 도저히 안 걷힌다. 답답하다.

② 개별 청산파 – 떠나겠다!

추가부담금이 생각보다 너무 많이 나와서 도저히 그 돈을 부담할 수 없다. 나는 더 이상 이 사업에 참여할 수 없으니 종전자산(헌집)이라도 제값 받고 떠나야겠다. 그런데 재개발에서는 종전자산의 보상을 개발이익이 배제된 가격으로 해준다고 해서 걱정이다. 여기서 이대로 사는 게 좋은데, 그 돈 받아서 떠나면 지금보다 작은 면적의 집을 사거나, 수도권 인근으로 떠나거나, 아니면 세입자로 전락한다. 월세 수입도 끊겨서 노후 생활을 어떻게 해야 할지 모르겠다.

③ 집행부 장악파 – 집행부를 장악하여 민주적으로 운영하자!

해산을 하면 매몰비용을 각 조합원이 수천만 원씩 부담해야 한다. 개별적으로 청산을 받더라도 보상금은 턱도 없이 모자라 모두 하층민으로 전락할지 모른다. 그러니 지금이라도 집행부를 장악하여 민주적으로 운영해보자.

세 가지 흐름의 혼재

三

이러한 세 가지 흐름과 파벌은 명확히 분류되지는 않는다. 한 사람의 머릿속에서도 이 세 가지 생각이 머리를 떠나지 않고 우왕좌

왕한다. 그리고 이러한 세 종류의 파벌이 공존하는 경우도 있고, 어느 파벌이 다른 쪽으로 변질되는 수도 있다. 심지어는 권력을 장악한 사람이 배반하고 시공사와 친해지는 경우도 있다. 대중을 배반하는 것이다.

이주와 철거의 회오리바람을 일단 막으려면

위와 같은 상담을 받으면 변호사인 우리도 머릿속이 답답해진다. 상담을 하러 온 의뢰인도 위 세 가지 중 어느 쪽으로 방향을 잡고 일을 추진할지 혼란스럽기 때문이다. 심지어는 그중 하나의 방향을 잡고 우리와 협력하여 소송을 하다가도 의뢰인 자신의 목표가 변질되는 경우도 있다. 상담을 많이 하다 보니 혼란스러운 의뢰인의 심정을 이해한다. 그래서 우선 어느 한쪽으로 일단 방향을 정하라고 이야기한다. 나중에 상황이 바뀌면 노선을 바꾸는 한이 있더라도 하나의 방향을 정하고, 우선 '관리처분계획에 대한 이의제기'를 하라고 조언한다. 위와 같은 문제점에 봉착한 조합은 이미 그 사업단계가 관리처분계획수립 단계에 와 있다. 관리처분계획총회를 열고 인가를 받으면 이제 사업은 이주, 철거, 착공의 수순이 남아 있다. 관리처분계획이 인가되면 구역 내 모든 사람들에 대한 명도소송이 가능해지고 동의한 자들에 대한 철거가 시작된다. 일부 집이 철거되고 빨간 페인트로 X자를 그려놓고 창문을 깨뜨린다. 분위기 조성을 위해서다. 관리처분계획은 이주와 철거를 하게 하는 강력한 계획이므로 일단 이를 저지할 필요가 있다.

관리처분계획에 대한 취소소송

≡

이 단계에서 취할 수 있는 응급처방은 관리처분계획취소소송이다. 이 소송은 총회가 열려서 관리처분계획이 통과되면 바로 제기할 수 있다. 나중에 구청에서 인가가 되면 청구취지만 조금 바꿔주면 된다. 경우에 따라서는 관리처분계획의 효력정지 신청을 해볼 수도 있다. 하지만 효력정지는 본안소송보다 인용이 더 어려울 수 있다. '관리처분계획취소소송'은 '행정소송'으로, 행정소송은 인가처분이 있음을 안 날로부터 90일 이내에 제기하지 않으면 이기기가 힘들기 때문에 미리 소송을 걸어두어야 한다. 문제는 어떤 하자를 문제 삼느냐이다. 대체로 다음과 같은 것을 생각해볼 수 있다.

① 사업계획인가를 받고 나서 한참 후에야 사업계획을 변경하였고(주로 대형 평형에서 소형 평형으로 변경하는 경우가 많다), 그 이

후 분양신청을 다시 받았는데 감정평가 기준시점을 변경된 사업계획인가 고시일로 하지 않고 최초 사업계획인가 고시일을 기준으로 하였다(다만, 이 부분은 대법원 2014두13294 판결로 의미 없게 되었다).

② 종전자산, 종후자산 평가내역을 관리처분계획 1개월 전에 통보하지 않았다(다만, 이 부분은 2018. 2. 9. 법개정 이전에 한한다).

③ 상가에 관한 부분은 관리처분계획에서 완전히 빠져 있다. 추후 정하기로 하였다고 하는데, 이는 위법이다.

④ A아파트에 대한 비례율과 B아파트에 대한 비례율이 다르다. 즉, 구역 내 두 가지 집단에 대한 비례율을 임의로 다르게 정하였다.

⑤ 일부 조합원들에게 분양신청을 제한하고, 다수 조합원들에게만 분양신청 가능한 범위를 넓게 부여했다.

그 밖에 각 조합의 특성에 따른 여러 하자가 있을 것이다. 참고로 관리처분계획에 대한 소송은 원칙적으로 '분양신청을 한 조합원들'만 원고적격이 있다. 예외로 분양신청을 하지 않은 사람들도 사업시행인가 및 그 후의 분양신청과정에 위법이 있었으므로 그 하자로 인하여 자신들이 분양신청을 하지 못하게 되었다는 점을 주장하면 원고적격이 있다. 위와 같은 점들을 주장하면 소송에서 이길 가능성이 있을까? 사안마다 다르다. 행정소송은 원래 승소율이 그리 높지 않다. 하지만 조합원들의 적정한 재산배분에 영향을 미치는 하자가 분명하고 소송이 관리처분계획인가 후 90일 이내에 제기된다면 승소하는 경우도 종종 있다.

취소소송은 하나의 계기일 뿐

관리처분계획취소소송은 급박한 상태에서의 임시처방이고 조합원들이 추구하는 세 가지 목적(해산, 청산, 집행부 장악)을 곧바로 충족시켜주지는 못한다. 다만 하나의 계기는 될 수 있을 것이다.

신탁등기 후 명도거절 시,
강제명도 및 철거 가능한가

　조합원으로서 분양신청을 하고 신탁등기까지 하였으나 명도를 거절하고 제2차 분양신청기간 동안에 신청을 하지 않아 청산자가 되는 경우가 있다. 조합은 관리처분계획인가를 받은 후에 위 청산자를 상대로 명도소송을 제기할 수 있다. 그런데 조합이 사업일정상 조속히 철거해야 한다는 이유로 명도소송을 거치지 않고 위 청산자를 상대로 강제명도를 하고 철거를 할 수 있을까?

별도의 이전등기 없이도 조합이 소유권 취득

조합원이었다가 현금청산 대상자가 되면 조합원이었던 사람은 부동산 소유권을 조합에 이전하여야 하고 조합은 청산금을 지급해야 한다. 그러나 신탁등기를 이미 해둔 상태에서는 다시 소유권 이전등기를 할 필요는 없고 조합은 청산금 지급의무를 부담한다(대법원 2008. 10. 9. 선고 2008다37780 판결, 2010. 9. 9. 선고 2010다19204 판결 참조).

철거 가능

재건축사업에서의 신탁은 '신탁법상의 신탁'을 의미하는데, 그 의미에 대하여 대법원 2012. 9. 13. 선고 2012다30281 판결은 "수탁자 앞으로 소유권이전등기를 마치게 되면 대내외적으로 소유권이 수탁자에게 완전히 이전된다"고 판시했다. 그러므로 조합이 부동산의 소유권을 가지며, 소유권에는 처분권도 포함되므로 철거 행위를 할 수 있다.

조합이 아직 청산금을 지급하지 못했다고 하더라도 철거 권한이 제한되는 것은 아니다. 일방이 자의로 소유권이전의무를 다하였고 그 후 후발적인 사유로 대금지급의무가 발생하였으므로 동시이행의 항변권이 발생할 여지가 없다.

조합이 판결로 명도받지 않고
자력으로 건물을 탈환한 경우에는 건조물침입죄에 해당

≡

우리가 자문을 요청받은 사례 중에, 조합이 신탁에 의하여 소유권을 취득하였다면 소유권의 내용을 이루는 사용수익권에 따라 조합은 해당 건물을 임의로 명도받아도 되는 것이 아닌가 하는 사항이 있었다. 그러나 소유권이란 잠재적이고 추상적인 것이며 이것이 타인에 의해 침해받고 있는 경우에는 법의 도움을 얻어 집행해야지 이를 자력으로 탈환하여 명도를 받으면 형사책임을 진다.

사람이 거주하고 있는 건물이면 주거침입죄, 단순히 관리하고 있는 건물이면 건조물침입죄에 해당한다. 다만 신탁받은 물건의 소유권은 조합에 있으므로 손괴죄에 해당하지는 않는다. 조합원 입장에서는 조합이 자력으로 건물을 명도받으려고 하는 경우 이에 대하여 형사고소로 대응할 수 있다.

무죄판결의 여지(위법성 조각 여부)

三

그러나 종전 조합원이 건물을 관리하고 있어 건조물침입죄가 성립한다고 하더라도 구체적인 경위, 즉 사업의 진행상 건물의 명도 및 철거가 반드시 필요하고 이에 반하여 건물 존치로 인한 청산자의 이익은 별로 없으며 사업을 방해하여 고액의 청산금을 받아낼 목적이 엿보이는 등의 사정이 있는 경우에는 조합의 위법성이 조각되어 무죄판결을 받을 여지가 있다. 이 사례와 상반된 경우로, '건물명도는 적법하게 받았으나 신탁등기가 안 되어 있어 철거 권한이 없는데 사업일정상 불가피하여 조합이 무단 철거한 경우'에 대하여 우리 대법원은 "손괴죄의 구성요건에는 해당하나 긴급피난 또는 정당행위에 따라 위법성이 조각되고 결국 무죄"라고 판시한 바 있다 (대법원 2009도8473 판결).

우리가 조합에 자문할 때에는 손실보상금을 공탁해두도록 안내하기도 했다. 도시정비법 제81조 제1항 단서(구 도시정비법 제49조 제6항 단서)에서는 '명도를 받기 위해서는 손실보상의 완료가 있어야 한다'고 규정하고 있으므로 손실보상금을 공탁해두면 위법성 조각의 가능성이 더 커질 것이기 때문이다. 이때 공탁할 금액은 조합이 임의로 보상평가를 해도 되지만 대법원 2010다47469 판결의 취지에 따라 '종전자산에 비례율을 곱한 권리가액'을 공탁하도록 한다. 조합이 진행 중인 명도소송에서도 마찬가지의 금액을 공탁하도록 한다. 철거를 하는 데에는 보상금 지급이 전제되지 않는다는 것과 모순되는 것 같지만 아직 법리 형성이 확고하게 되어 있지 않은 상황에서는 보수적으로 해석하여 대처하는 것이 바람직하기 때문이다.

요즘에는 위와 같은 자문을 한 일이 없다. 조합의 대응방법이 달라졌기 때문이다. 일부 조합은 법적 위험이 있는 자력탈환 대신 외부 인력을 동원해서 동네 주변 집들을 부수고 밤에 시끄럽게 하는 등 청산자가 계속 머물러 살기 힘들게 하는 방법을 택하기도 한다.

조합에 대한 채권,
조합원한테 받을 수 있나

요즘은 정비사업의 사업성이 악화되어 분양수입금으로 각종 채무를 변제하고도 모자라서 조합원들이 추가로 각출해야 하는 경우가 많아지고 있다. 심지어는 사업 도중에 조합이 해산되기도 한다. 조합원이 모여서 조합을 설립하지만 조합은 조합원과 분리된 별개의 법인격이기 때문에(쉽게 말해 법적으로 조합은 조합원과는 분리된 한 명의 사람처럼 취급된다), 조합이 공중분해될 경우 조합의 채권자는 돈을 받기 어렵다. 이러한 경우를 대비하여 정비사업조합 표준정관은 조합이 지출한 비용을 조합원들이 분담하여 책임지도록 규정한다 (재건축조합 표준정관 제58조, 재개발조합 표준정관 제63조).

그 분담액은 조합총회에서 의결한다. 그러나 사업을 그만두고 빚만 잔뜩 쌓여 있는 마당에 조합이 총회를 개최할 리 만무하다. 이미 공사가 거의 마무리에 이르러 공사비를 받아야 하는 용역업체로서는 답답한 노릇이다. 정비사업이 거의 마무리 단계에 이르렀는데 조합은 차일피일 미루며 용역비를 주지 않는다. 조합 재산도 거의 없는데 청산을 위한 부담금 총회도 개최하지 않는다. 그리하여 용역업체는 마침내 조합이 아닌 조합원을 상대로 소송을 제기할 방법을 찾게 된다.

대법원 2014. 11. 13.선고
2009다38155 [대여금등반환] 판결

三

이 사안은 용역업체가 각 조합원을 상대로 조합에 대여한 금원(금액)을 청구하는 소를 제기한 것이었다. 당시 조합은 부담금을 결정할 총회를 개최하지 않고 있었다. 이 사안에 대하여 서울고등법원은 "피고조합원들은 청산종료 후 원고에게 부과금지급 의무가 있음을 확인한다"고 판시하였다(서울고등법원 2009. 3. 27.선고 2008나97456사건). 즉, 조합이 총회를 개최하지 않았더라도, 조합원은 장차 조합청산이 종료되면 자신이 분담하여야 할 돈을 조합의 채권자에게 갚아야 할 의무가 있다고 판결한 것이다. 그러나 5년 반이 지난 2014년 11월, 대법원은 위 사건에 대하여 확인의 이익이 없다는 이유로 소를 각하하였다. 그 판시 이유는 다음과 같다.

"확인의 대상은 장래 청산이 종결될 경우 피고들이 배분받게 될 이 사건 조합의 채무로서 이는 장래 확인의 소에 해당되는데, 아직 이 사건 조합의 해산결의나 청산절차를 거치지 아니한 상태에서 원심 판시와 같이 청산종결 후의 잔여재산과 잔존채무가 모두 확정되었다고 보기 어렵고, 나아가 향후 조합원총회의 결의를 통하여 조합원들의 부담금에 관한 사항은 달라질 수도 있는 것이어서 위와 같은 조합규약만으로 이 사건 조합의 원고에 대한 채무 전부가 청산 종결 후 반드시 피고들에게 현재 조합원의 수에 비례하여 배분될 것이라고 단정하기도 어렵다고 할 것이므로, 원고가 피고들을 상대로 미리 청구할 필요가 있는 경우 장래 이행의 소를 제기함은 별론(별도로 논의한다), 피고들에 대하여 지금 장래 부담금 채무에 관한 확인판결을 받는다고 하여도 그것이 원고 주장의 현존하는 법적 불안을 해소하는 가장 유효적절한 수단이라고 할 수 없어 이 사건 예비적 청구에 관한 소는 그 확인의 이익이 없다."

위 대법원 판결의 의의

三

위 판결의 핵심 내용은 '조합총회를 거치지 않는 한 청산종결 후의 각 조합원들의 채무액에 대하여 판결할 확인의 이익이 없다'는 것이다. 다만 판결문에서는 '원고가 피고들을 상대로 미리 청구할 필요가 있는 경우 장래 이행의 소를 제기함은 별론'이라는 단서를 달아서 마치 '장래 이행의 소'를 제기할 경우에는 청구가 인용될 여지가 있는 것처럼 판시하고 있다. 그러나 장래 이행의 소를 제기할 경우에는 '미리 청구할 필요성'이 있는지를 또다시 심사해야 한다. 위 판례는 조합원에게 '채무를 배분하기 위해서는 원칙적으로 조합총회의 의결이 있어야 한다'는 점을 확인했다는 점에서 의미가 있고, 장래 이행의 소에서도 이 원칙은 그대로 유지될 것으로 보인다.

그러므로 용역업체가 장래 이행의 소를 제기할 경우에는 '조합이 채무를 면탈할 목적으로 수년간 총회개최를 악의적으로 지연시키고 있다'는 점을 확실히 입증하여 총회를 거치지 않고도 미리 청구할 필요성이 있다는 점을 증명해야 한다.

위법한 종전자산평가,
대응방안은

평소 재개발 재건축 조합원으로부터 받는 가장 많은 질문 중 하나가 종전자산가격에 대한 문의다. 즉, "종전자산가격이 시세보다 터무니없이 낮게 책정되었는데, 이를 어떻게 다툴 수 있나요?" 또는 "부당한 종전자산가격을 증액시킬 수 있는 방법은 무엇인가요?" 등의 질문이다.

종전자산가격이 위법하다고 생각한다면 어떤 방법으로 이를 바로잡을 수 있을까.

종전자산평가를 다투는 행정소송, 관리처분계획취소소송

≡

관리처분계획의 내용에는 각 조합원의 부담금이 포함되는데, 이를 산정하기 위하여 종전자산과 종후자산을 평가한다. 종전자산가격이 낮다면 해당 조합원의 부담금이 늘어날 수 있다.

만약 종전자산평가가 위법하다고 생각한다면 관리처분계획에 대한 취소소송을 제기하여 자신의 종전자산평가에 관한 부분을 취소하는 판결을 받아야 한다. 그런데 종전자산가격이 낮다고 하여 반드시 위법하게 되는 것이 아니다. 이에 대하여 최근 행정법원의 판결을 살펴보자.

위법한 종전자산평가에 관한 법원의 판단 기준
- 조합원들 사이에 '형평성'을 잃을 정도가 되어야 한다

≡

법원은 어떤 경우에 종전자산평가가 위법하다고 판단할까. 이와 관련하여 서울고등법원은 "관리처분계획의 기초가 된 감정평가의 평가방식이 부당하다 하더라도, 관리처분계획수립 당시의 종전자산 평가는 조합원들 사이의 형평을 목적으로 한다는 점에서, 그 평가방식의 부당함으로 인하여 바로 관리처분계획이 위법하게 되는 것은 아니고, 그 결과 관리처분계획의 내용이 조합원들 사이의 형평성을 잃게 할 정도로 부당하게 된 경우에 한하여 비로소 관리처분계획이 위법하게 된다"라는 취지로 판시하였다(서울고등법원 2017. 9. 13. 선고 2016누67839 판결).

즉, 단지 종전자산가격이 낮거나 감정평가 방식이 부당하다는 이유만으로는 관리처분계획이 위법하게 되는 것이 아니며, <u>부당한 종전자산평가로 인하여 관리처분계획의 내용이 조합원들 사이에 형평성을 잃게 할 정도가 되어야 한다</u>는 것이다.

서울고등법원(대법원 확정), 전면상가를 후면상가로, 개방형상가를 폐쇄형상가로 평가한 것은 위법하다

三

서울의 한 재건축구역의 상가조합원인 원고는 본인의 종전자산평가가 위법하다며 행정소송을 제기하였다. 사안은 다음과 같다. 원고는 1동의 상가건물 중 1층의 구분상가(5호)를 소유하고 있었는데, 이 상가는 측면이나 후면이 아닌 '전면상가'였고, 폐쇄형 상가가 아닌 '개방형(외부에서 직접 출입할 수 있는) 상가'였다. 그런데 종전자산평가를 담당했던 감정평가사는 이 상가를 '측면 또는 후면상가로 단정'하면서 폐쇄형 상가로도 판단하여 '위치별 효용지수'를 바로 연접한 상가(4호)의 1.01보다 현저히 낮은 0.76을 적용했다.

이에 대하여 서울행정법원과 서울고등법원은 '위치별 효용지수 적용 오류'라는 원고의 주장이 이유가 있다고 하여 이를 인용하였다(위 판결에 대하여 조합이 상고하였으나, 대법원은 2018년 2월에 심리불속행 기각 판결을 하였다).

재판부는 판결에서 상가의 배치도, 출입구의 위치, 무단 구조변경한 정황이 없다는 사실 등 여러 사정에 비추어볼 때 원고의 구분상가는 측면상가나 후면상가가 아닌 전면상가에 해당하고, 이를 폐쇄형상가로 볼 수 없음에도 연접한 구분상가보다 현저히 낮은 위치별 효용지수를 적용한 것은 조합원들 사이의 형평성을 잃게 할 정도로 부당하다고 보고, 위 관리처분계획에 대하여 취소판결을 선고하였다.

종전자산평가가 위법하여 관리처분계획이 취소된 사례가 극히 드물다. 그렇다고 하더라도 재개발 재건축 조합에서는 위 판결에서 판시한 종전자산평가가 위법하여 관리처분계획이 취소될 수 있는 경우에 대하여 주목할 필요가 있다. 위 판결은 부당한 종전자산평가 및 조합원 사이의 형평성에 관한 구체적인 사례로 적용될 수 있다는 점에서 중요한 의미를 가진다.

수분양자에 대한
이전등기 지연, 어떻게 대처할까

　재개발 재건축 구역에서 일반 수분양자들에 대한 이전등기가 지연되는 경우가 심심치 않게 발생하고 있다. 조합 내부 사정으로 인하여 이전등기가 2년 이상 걸리는 구역도 있다. 이 경우 수분양자들에게는 소유권이전등기가 되지 않아서 매매, 대출, 임대가 되지 않는 손해가 발생할 수 있다. 이 경우 재개발 재건축 조합이 수분양자들로부터 손해배상청구를 당할 수도 있다.

대법원, 이전등기 장기간 지연되면 통상손해 발생

　이와 관련하여 대법원은 "소유권이전등기절차의 이행이 장기간 지연된 경우, 수분양자에게는 그 재산권을 완전히 행사하지 못하는 손해가 발생하였다고 할 것이고, 주위 부동산들의 거래상황 등에 비추어볼 때 등기절차가 이행되지 않음으로써 수분양자 등이 활용기회 상실 등의 손해를 입었을 개연성이 인정된다면, 등기절차 지연으로 인한 통상손해가 발생하였다고 할 것이며, 이 손해가 특별한 사정으로 인한 손해라고 하더라도 예견가능성이 있다고 할 것이다"라고 판시하기도 하였다(대법원 2008. 12. 24. 선고 2006다25745 판결).

서울동부지방법원, 재개발조합이 수분양자들에게 손해배상하라고 판결

三

최근 이전등기가 지연되어 재개발조합을 상대로 일반 수분양자들이 제기한 손해배상청구소송에서 서울동부지방법원도 조합의 손해 배상책임을 인정하는 판결을 하였다(서울동부지방법원 2016. 12. 20. 선고 2015가합104297 판결).

이 사안의 개요는 대략 이렇다. 아파트 수분양자들이 재개발조합과 2013. 5.경부터 2013. 7.경 사이에 분양계약을 체결하였고, 수분양자들은 모두 본인들의 계약서에 기재되어 있는 계약금, 중도금 및 잔금을 위 계약에 따라 피고 조합이 지정한 계좌로 이체하여 완납하였다. 그리고 수분양자들이 입주예정일인 2014. 3.경부터 입주하여 전입신고까지 마쳤다. 그런데 재개발조합의 내부 사정 때문에 수분양자들이 입주한 후 1년도 넘게 수분양자들에 대한 소유권이전등기절차를 지연하였고, 입주한 때부터 2년이 지난 2016. 5.경에 아파트 수분양자들에게 소유권이전등기를 해주었다.

이에 대하여 서울동부지방법원은 입주 이후에도 조합이 이전고시를 해야 하고, 소유권이전등기까지 약 1년 정도의 시간은 통상 지날 수 있기 때문에, 소유권이전등기의 이행기는 입주지정기간의 말일로부터 약 1년이 경과한 때 그 이전등기의무의 이행기가 도래한다는 취지로 판시하였고, 1년이 지난 이후의 기간에 대하여 손해배상책임을 인정하였다.

법원에서는 재개발 재건축 조합의 사정도 고려해주었다. 즉, 입주이후에도 이전고시 등 각종 도시정비사업의 절차가 이행되어야만 수분양자들에 대한 소유권이전등기도 가능하기 때문에, 입주지정기간 이후에도 1년 정도의 시간은 걸릴 수 있다는 것이 법원의 입장으로 해석된다.

수분양자들에 대한 위자료는 인정할 수 없다

三

위 사건에서 수분양자들은 재산적 손해뿐만 아니라 정신적 손해인 위자료도 청구하였지만, 법원은 재산적 손해에 대한 배상이 이루어짐으로써 정신적 고통은 회복된다는 취지로 판시하면서 수분양자들이 청구한 정신적 손해 부분은 기각하였다.

위 판결은 재개발 재건축 조합에도 매우 중요한 의미를 가진다. 즉, 정비사업이 마무리 단계에 접어들더라도 이전등기가 지연될 경우 조합은 일반 수분양자들로부터 손해배상청구를 당할 수 있으므로 이전고시 이후에는 신속하게 소유권이전등기를 마무리하여야 할 것이다.

재개발 재건축,
무작정 버티는 게 능사일까

　재개발 재건축 구역에서 비대위 조합원이나 현금청산자 중에 무
조건 버티면 나중에 조합과 협상을 하여 큰 보상금을 받을 수 있다
고 생각하는 사람들을 종종 본다. 그러나 이는 매우 잘못된 생각으
로 이주의무를 거부하고 무작정 버티다가 형사처벌을 받게 되거나
합의금 대신 거액의 손해배상금을 물게 될 가능성이 매우 높다.

　특히 최근 대법원이 재개발 재건축 구역에서 정당한 이유 없이
건물 명도를 거부한 조합원들에 대하여 손해배상책임을 인정한 사
례가 있어 이를 소개한다(대법원 2018. 7. 12. 선고 2014다88093 판결).

대법원, 이주의무 위반한 조합원에 대하여
손해배상책임 인정

===

서울의 한 재건축구역에서 2011. 2.경 관리처분계획에 대한 인가 · 고시가 났고 이에 따라 조합원들 대부분이 2011. 4. 30.까지 이주하고 철거동의서를 제출하였다. 그런데 일부 조합원들이 관리처분계획의 하자를 다투면서 행정소송을 제기하였고 자진이주도 거부했다. 그런데 위 조합원들이 행정소송에서 패소했다. 그리고 재건축조합은 명도를 거부했던 조합원들을 상대로 손해배상청구소송을 제기했다.

이에 대하여 대법원은 조합원들이 관리처분계획의 하자를 다투는 행정소송을 하고 있었다고 하더라도 그 행정소송에서 패소하여 명도의무가 인정되는 이상, 피고 조합원들에게 명도 지연에 따른 손해배상책임이 인정된다는 취지로 판시하였다(대법원 2018. 7. 12. 선고 2014다88093 판결).

손해배상액이 수십억 원 이상 산정될 수 있다

===

조합원들은 관리처분계획에 대한 인가 · 고시가 나면 조합이 정하는 이주기간 내에 이주할 의무가 있다. 만약 정당한 이유 없이 이주 의무를 거부할 경우, 조합원에 대하여 명도소송이 진행되고 있다고 하더라도 이주의무 지연에 따른 손해배상책임이 인정될 수 있다.

특히 위 사건에서 관리처분계획에 대한 인가고시가 2011. 2.경에 있었지만, 실제로 조합원들이 대부분 이사를 가고 철거동의서를 제출한 시기가 2018. 4. 30.경이었다. 이에 조합은 명도지연에 따른 손해배상금 산정의 기산점을 2018. 5. 1.로 하여 청구를 하였고, 법원도 위 시점부터 피고 조합원들이 부동산의 인도를 완료한 시점까지 계산하여 손해배상책임을 인정하였다.

통상 재개발 재건축 사업은 그 규모가 수백억 원에서 수천억 원 이상이 된다. 조합은 정비사업을 진행하면서 이주비 대출이나 사업비 대출로 인한 이자 등을 부담하는데, 조합원들이 이주를 거부하여 사업이 지연될 경우 추가 금융비용이 발생하게 되며 그 이자 규모는 하루에 수천만 원 이상이 될 수도 있다.

특히 위 사건에서 대법원은 손해배상액이 1인당 20억 원 이상 산정된다고 판시하였고, 다만 여러 사정을 감안하여 실제 각 조합원의 책임을 20%로 제한하였다.

무작정 버티는 조합원, 조합은 손해배상청구로 대응한다

三

그동안 비대위 조합원들이 각종 민사소송, 행정소송 등을 제기하여 사업을 방해하거나 지연시키는 경우가 많았고, 그로 인하여 조합에 많은 손해가 발생했던 것이 사실이다. 더구나 사업 지연으로 인한 손해는 결국 다른 조합원들에게 추가 부담금으로 돌아오게 된다.

특히 이 판결은 정당한 이유 없이 명도를 거부한 조합원에 대하여 철퇴를 가하고 구체적인 손해배상책임을 인정한 첫 번째 대법원 판결이었다. 또한 조합이 소위 '알박기' 조합원으로 인하여 발생하는 손해의 부담을 해소하고 좀 더 신속하게 사업을 진행할 수 있는 계기를 마련할 수 있게 되었다는 점에서 중요한 의미가 있다.

정비구역 내 종교시설,
어떻게 처리할까

　재개발 재건축 구역에 있는 교회, 사찰 등 종교시설과 조합 사이의 분쟁과 갈등이 끊임없이 이어지고 있다. 도시정비법에 종교시설의 처리방안에 대한 구체적인 규정이 없다 보니, 종교시설은 사실상 정비사업의 사각지대에 놓여 있다고 해도 과언이 아니다.

　그러다 보니 대부분의 조합이 종교시설에 대해서는 아무런 계획도 수립하지 않은 채 일방적으로 사업을 진행하기도 하였고, 그 과정에서 종교시설과 상당한 마찰을 빚기도 했다. 예를 들어 재개발 조합이 새로운 종교시설의 건축에 관한 분양계획은 전혀 없이 단지 종교용지만을 대토하여 분양하는 내용의 반쪽짜리 분양계획을 수립하는 경우도 있었고, 어떤 종교단체에 대해서는 일방적으로 현금청산자로 간주하여 강제수용하는 경우도 있었다.

그런데 최근 행정법원은 종교시설에 대한 관리처분계획도 적법하게 수립해야 하며, 종교시설에 대한 권리를 무시한 채 관리처분계획을 수립할 경우 취소될 수 있다는 취지의 판시를 하였다. 관련 사례를 몇 가지 소개하고자 한다.

서울고등법원, 교회와 '협의' 없는 일방적 관리처분계획은 위법하다

≡

서울의 한 재개발조합과 A교회는 교회 이전과 관련해 서로 '협의'로 관리처분계획을 수립하기로 하였다. 그런데 재개발조합이 어떠한 협의도 이뤄지지 않은 상태에서 임의로 관리처분계획을 수립해 인가를 받았고, 이에 대하여 A교회가 조합을 상대로 위 관리처분계획에 대한 취소소송을 제기하였다.

이에 대해 서울고등법원은 2017년 4월 종교시설부지 분양에 협의가 완료되지 않았음에도 조합이 일방적으로 수립한 관리처분계획에 중대한 하자가 있다고 하여 교회 승소판결을 하였다(서울고등법원 2017. 4. 7. 선고 2016누46856 판결 참조).

특히 위 판결에서는 "종교시설에 대한 이전대책을 마련함이 없이 관리처분계획을 수립할 경우 헌법이 정한 정당한 보상 원칙에 반할 우려가 크다"는 취지로 판시하였다. 이 판결은 종교시설인 교회가 제기한 행정소송에서 관리처분계획 '전부'가 취소된 최초의 사례여서 큰 의미가 있다.

서울행정법원, 교회도 '토지등소유자'에 해당하므로 정당한 권리를 보장해야 한다

三

또 다른 사례를 보자. 서울의 한 재개발조합과 B교회는 종교시설에 관한 협의를 진행하였는데, 협의가 이루어지지 않자 재개발조합이 B교회에 대하여 분양신청 절차도 거치지 않은 채 일방적으로 현금청산자로 취급하는 내용으로 관리처분계획을 수립하였다. 이에 위 B교회가 재개발조합을 상대로 관리처분계획 취소소송을 제기하였다.

이에 대하여 서울행정법원은 2016년 4월 위 관리처분계획에 대하여 취소판결(교회 승소)을 하였다(서울행정법원 2016. 4. 22. 선고 2015구합59679 판결).

특히 서울행정법원은 위 판결에서 교회도 토지등소유자에 해당하기 때문에 교회에 대하여도 도시정비법이 보장하고 있는 분양신청통지를 해야만 하는데, 위와 같은 절차를 지키지 않고 관리처분계획을 수립하였기 때문에 위 처분이 위법하다고 판시하였다.

서울특별시 〈뉴타운지구 등 종교시설처리방안〉

정비구역 내 종교시설과 조합 사이의 갈등이 심화되다보니 서울특별시는 〈뉴타운지구 등 종교시설처리방안〉을 수립하였다. 종교시설은 우선적으로 '존치'가 되도록 검토하고, '이전'이 불가피한 경우 '존치'에 준하는 이전계획을 수립하여야 한다는 것이 핵심내용이다. 이 종교시설처리방안은 재개발구역 내 종교시설에 관한 협상이나 처리에 대한 명확한 법령이 없는 상황에서 구체적인 가이드라인을 제시한 긍정적인 대책으로 평가할 수 있다.

종교시설에 대한 합리적인 대책이 필요하다

재개발 재건축 조합이 종교시설에 대하여 일방적으로 현금청산 대상자로 간주하거나 조합원으로 인정함에도 불구하고 종교시설 이전대책에 대한 내용을 누락한 관리처분계획을 수립할 경우, 이러한 관리처분계획이 위법하여 취소될 수도 있다는 점이 법원의 판결로 확인되고 있다. 관리처분계획이 취소될 경우, 그만큼 정비사업이 지연될 수 있고 그에 따른 부담과 피해는 결국 조합원들에게 돌아가게 된다.

따라서 정비사업의 성공적인 완료를 위해서 사업시행자는 정비사업 초기부터 종교시설의 이전대책에 관하여 해당 종교단체와 지속적으로 협의를 해나가면서 적법한 관리처분계획을 수립할 필요가 있다.

종교시설과의 갈등이 발생하는 근본적인 이유는 도시정비법 관련 법령에 종교시설의 처리방안에 관한 구체적인 규정이 매우 미흡하기 때문이다. 그러므로 향후 종교시설에 대한 분양계획 및 관리처분계획의 수립에 관한 내용을 법령에 명확하게 규정할 필요가 있다.

최후의 전쟁, 시공사 vs 조합,
대응방안은

재개발 재건축 사업에서는 각종 갈등이 일어나고 분쟁이 생긴다. 가장 마지막에 일어나는 갈등, 정비사업 최후의 전쟁은 시공사와 조합의 분쟁이다.

가장 든든한 협력자인 시공사

三

시공사는 사업의 중반에 선정된다. 서울시의 경우에는 서울시 조례에 의하여 사업시행계획인가를 받은 후에 시공사를 선정할 수 있다. 그 외 지역은 조합설립인가를 받고 나면 시공사 선정이 가능하다. 시공사는 사실 조합의 가장 든든한 협력자다. 개발이란 결국 건물을 짓는 것이기 때문이다. 시공사는 가장 많은 용역비가 들어가는 곳이기도 하지만, 단단한 자금을 바탕으로 투자를 하거나 조합이 다른 곳에서 돈을 빌릴 때 보증을 서주기도 한다. 그래서 정비사업 최고의 잔치는 시공사 선정이라고 해도 과언이 아니다.

일단 선정되면 시공사가 우위에 서게 된다

시공사를 선정하기 전까지는 조합이 갑이다. 조합은 조합원들에게 최대한 이익이 되게 하기 위해 협상을 주도한다.

조합 사업비가 얼마나 나오겠어요?

건설사 3.3m²당 400만 원은 들어요.

조합 에이~ 너무 비싸네. 3.3m²당 380만 원으로 합시다. ○○건설사는 그 정도에 된다던데요?

건설사 설마요. (3.3m²당 380만 원으로는 택도 없다고!)

조합 안 할 거예요?

건설사 해요, 합시다.

이렇게 시공사는 조합의 의견을 반영하여 사업에 참여하게 된다. 그러나 어떤 우여곡절을 겪더라도 일단 시공사로 선정되면, 그때부터는 시공사가 갑이 된다. 선정 후 계약을 체결하게 되는데, 그 계약부터 자기 입맛에 맞게 체결한다. 그리고 공사비를 점차 올려서 총회의 승인을 받는다. 슬금슬금 다른 지역에서 본 손해를 이 지역에서 보전받으려고 하기도 한다. 물론 시공사도 할 말은 있다. "그동안 우리가 당한 게 얼마인데요!" 하는 식이다.

시공사 선정 후 정비사업의 진행과정

조합이 시공사를 선정한 후 이루어지는 정비사업의 진행과정은 다음과 같다.

> 시공사 선정 → 가계약 → 본계약 → 착공 → 완공 →
> 준공(사용 승인) → 입주 → 이전고시 → 보존등기

계약체결과정까지는 준비단계다. 착공단계부터 시공사가 본격적으로 일을 시작한다. 완공은 말 그대로 건물이 완성되는 것이고, 준공은 행정청의 사용승인을 받는 것이다. 요즘은 준공 대신 사용승인

이라는 용어를 사용한다. 사용승인 후 드디어 입주가 시작되고, 소유권이전고시 후 각 소유자들이 보존등기를 마치게 된다.

공사비 지급

시공사가 공사를 시작하면, 기성고(약정된 총공사비 중에서 공사한 부분만큼의 공사비)에 따라 조합은 시공사에게 공사비를 지급한다. 이 단계에서 조합과 시공사는 공동명의로 통장을 만든다. 이때 공사비를 지급하는 통장은 분양대금을 받는 통장이다. 통장을 공동명의로 해두어야 어느 한쪽이 일방적으로 돈을 인출하는 것을 방지할 수 있다. 그런데 간혹 조합장이 조합의 권리를 포기하고, 통장에 돈이 들어오자마자 시공사의 통장으로 자동이체되도록 설정하는 경우가 있다. 이 사례에서는 분양대금이 기성고를 초과하여 시공사에게 입금되어 문제가 됐는데, 이에 대해서는 앞에서 자세히 이야기했다.

시공사는 입주 시까지 공사대금을 다 받아내려고 한다. 입주하기 전에는 시공사가 유치권*을 행사할 수 있지만, 일단 입주를 하게 되

---

* 타인의 물건에 관한 채권을 가진 사람이 그 채권을 전부 변제받을 때까지 그 물건을 유치할 수 있는 권리이다(민법 제320조). 쉽게 예를 들면, A가 B의 시계 수리를 의뢰받아서 수리를 마쳤는데 B가 대금을 주지 않을 때, A는 B가 대금을 줄 때까지 위 시계를 그대로 가지고 있을 수 있는 권리다.

면 조합에서는 아쉬울 것이 없어지기 때문이다. 공사비 지급이 원만하게 되면 다행이지만, 양측이 지출한 비용에 대하여 합의를 못 하는 경우가 있다. 이런 경우 어느 한쪽이 소송을 제기하게 된다.

세 가지 유형의 싸움

입주 단계에서 시공사와 조합 사이에는 다음 세 가지 유형의 소송이 제기된다.

도급금액 청구소송

시공사가 조합을 상대로 도급금액을 달라고 하는 소송이다. 돈을 못 받은 시공사가 청구하는 것으로, 계약서에 근거해서 돈을 달라고 하는 것이다.

공사대금정산소송

조합이 시공사를 상대로 청구한다. 계약서와 설계도에 따라 집이 지어진 것이 맞는지를 엔지니어링 업체가 확인하고 조사한다. 확인한 결과 부족하게 시공된 부분이 있다면 이에 대하여 소송을 하는 것이다. "공사대금 1천억 원으로 계약했는데, 검사를 해보니까 50

억 원어치 덜 했네. 50억 원은 공사대금에서 빼!"라는 소송이다. 설계도와 불일치하는 부분이 있으니 그만큼의 돈을 깎는, 말 그대로 공사대금을 '정산'하기 위한 소송이다. 조사해보면 보통 불일치 비율이 5% 정도 나온다고 한다. 대금이 1천억 원이면 5%는 50억 원이니 적은 돈이 아니다. 주로 마감자재 같은 게 문제가 된다.

주택법상 하자(흠)보수소송

위의 두 소송은 공사대금과 직접 관련된 소송이고, 이와 별개로 입주하고 나서 시간이 조금 흐른 후에 아파트에 하자가 발견되는 경우 하자 수리 또는 그에 갈음하는 금전을 청구하는 소송이 있다. 주택법상의 하자보수소송이다. 건설에 대한 사후 서비스로, 대부분 계약서에 명시한다. 기간 내에 하자가 발견되면 시공사에게 직접 수리해달라고 하거나, 다른 업체에 맡길 테니 수리비를 달라고 청구할 수 있다.

도급제와 지분제

三

정비사업을 하다 보면 예측하지 못한 손해나 이익이 발생하는 경우가 많다. 이렇게 손해나 이익이 발생하였을 때 손해를 누가 부담하고 이익은 누가 가져갈 것인지에 관한 계약 내용이 문제가 된다. 공사에 관한 본계약은 크게 '도급제'와 '지분제'로 할 수 있다. 본계약을 도급제로 한다는 것은 시공사는 공사대금, 즉 평당 일정 금액으로 계약을 체결하고 공사를 마친 후 그 금액을 받아가는 것이다. 도급제에서는 사업 후의 손해와 이익은 모두 조합에게 귀속된다. 도급제는 분쟁이 적은 편이며, 순수한 도급제는 많지 않다. 이에 반해 지분제는 일정 지분을 시공사가 투자하는 형식이다. 시공사도 지분에 따라 사업의 위험을 부담하고, 수익이 생기면 지분만큼의 수익을 가져간다. 조합에서는 지분제를 선호하기도 한다. 조합이 부담할 위험이 조금 줄어들기 때문이다.

재개발사업은 시작해서 끝날 때까지 7~8년의 시간이 걸린다. 그 사이에 법령이 바뀌기도 한다. 예를 들어보자. 재건축을 할 때 임대아파트 건설 비율이 법에 정해져 있다. 700세대를 짓는다면 법에 따라 그중 10%인 70세대는 임대아파트로 원가에 시공사에게 넘겨야 하는 식이다. 그런데 사업이 진행되는 도중에 법이 개정되어 위 비율이 5%로 낮아질 수 있다. 그러면 나머지 35세대는 일반 분양을 할 수 있다. 예상치 못했던 수익이 발생하는 것이다. 이것은 하나의 예일 뿐이다. 그만큼 우리나라는 재개발 재건축 관련 법령이 자주 개정되는 편이다. 다양한 변수가 발생할 수 있다. 그렇다면 그에 따라 발생하는 이익이나 손해를 누가 가져야 할까? 지분이 명확하면 지분대로 가져가면 된다. 그런데 계약서가 불분명하게 작성되는 경우도 많고, 다양한 방식으로 작성되는 경우도 많다. 계약서만으로 도급제인지 지분제인지가 명확하지 않고 계약의 해석에 관하여 다툼이 생기면 첫 번째 유형의 소송(도급금액청구소송)을 하게 된다.

공사대금정산소송을 알아두자

대개 조합에서는 공사대금 중 일부는 지급하지 않고 남겨 둔다. 건물은 완공되었는데 공사비 1천억 원 중 100억 원을 지급하지 않고 "50억 원은 깎아야겠어! 돈 못 줘!" 하며 떼를 쓴다. 시공사도 이런 일에는 이력이 붙어 있다. "그러지 말고 80억 원에서 합의하지? 20억 원 깎아줄게!" 하며 협상을 시도한다. 조합집행부 입장에서도 손해 볼 것은 없다. 어쨌거나 100억 원 중 20억 원을 깎았으니 조합원들에게 면목이 선다. 시공사도 공사대금정산소송을 했으면 50억 원은 깎았을 판인데 80억 원을 받고 일을 끝냈으니 좋다. 서로 윈윈(win-win)이다. 조합집행부와 시공사의 관계가 나쁘지 않으면 대부분은 원만하게 협상된다.

조합원들은 공사대금정산소송이라는 게 있는 줄 모르는 경우가 많다. 안다고 해도 검수와 2~3년의 소송과정을 거쳐야 하고, 정산금이 소송과정에서야 비로소 확정되기 때문에 불확실성이 커서 실제로 소를 제기하지 않으려는 경향도 있다. 물론 돈과 시간을 들여가면서 소송할 만한 가치가 있는지 검토한 후 소를 제기하지 않는 것이 낫다고 판단된다면 소송을 안 하는 것도 방법이다. 그러나 이런 소송도 있다는 것을 아는 상태에서 판단해야 한다.

계약 체결부터 자문을 받는 것이 좋다

소송이 진행되는 모습을 보면 결국은 힘센 쪽이 이긴다. 조합과 시공사의 대결에서는 대형 건설사인 시공사가 이기는 경우가 많다. 조합은 아마추어고 시공사는 프로다. 시공사는 미리 여러 가지 조치를 취한다. 예를 들어, 시공사에서는 공사대금정산소송에 시달리는 게 싫어서 조합집행부와 '조합이 건물에 대한 검수를 다 마쳤고 하자가 없음을 확인함. 추후 하자에 대하여 이의를 제기하지 아니함'과 같은 방식으로 합의하기도 한다. 절차만 제대로 거치면 이런 합의도 유효하다. 아니면 아예 처음부터 본계약서에 완공 후 몇 개월 이내에 문제제기를 안 하면 이의 없는 것으로 본다고 명시하기도 한다. 모두 공사대금정산소송을 차단하기 위한 것이다. 힘센 쪽은 이렇게 치밀하게 준비하는데 조합은 비용 부담을 이유로 전문 변호사의 자문을 주저하는 경우가 많다.

우리가 최근 자문한 사건도 조합과 시공사의 도급계약서에 '시공사가 공사대금을 우선적으로 변제받으며, 그 방식을 자동이체로 한다'고 명시된 채로 총회를 통과하였고, 그에 따라 기성고에 따른 공사대금보다 더 많은 200억 원이 시공사로 자동이체되어버린 사안이었다. 계약서가 총회를 통과하기 전에 미리 자문을 받았으면 되었을 텐데 일이 너무 커져버렸다. 전문 변호사 자문료를 아끼려다가 엄청난 손해를 본 것이다.

드디어 끝이다

三

어쨌거나 하자보수소송은 조금 별개의 사안이고, 시공사와 조합 사이에서 공사대금을 둘러싼 한판 전쟁이 끝나면 말 많고 탈 많았던 재개발 재건축 사업이 드디어 모두 끝났다고 할 수 있다.

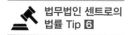

명도소송 6개월 이내에 끝내기

　재개발 재건축 명도소송에서 가장 중요한 것은 하루라도 빨리 소송을 종결시키는 데 있다. 이주대상자가 수백 명에서 수천 명에 달하는 정비구역이라면 관리처분인가 이후에 조합원들의 이주가 시작되면서 이주비 대출이 발생하고 이때부터 본격적으로 금융비용이 발생하는데 하루라도 빨리 이주를 완료시켜야 정비사업비를 아낄 수 있기 때문이다.

　재개발 재건축 명도소송에만 있는 고유의 법리를 정확히 파악하여 소송을 진행해야만 하며, 이런 법리를 잘 모르는 법무사나 변호사에게 명도소송을 맡길 경우 명도소송을 신속하게 진행하기는커녕 오히려 패소할 수도 있다. <u>명도소송을 한 건만 패소하더라도 조합은 철거와 착공에 상당한 장애가 발생할 수 있고 사업은 지연되게 된다.</u> 그렇기 때문에 명도소송은 반드시 재개발 재건축 분야에 경험이 많은 전문 변호사에게 의뢰하는 것이 좋다.

소장송달독촉, 사실조회신청, 변론기일지정신청 등
적극적으로 재판에 임하자

먼저 명도소송을 담당하는 변호사는 소장을 접수한 후에 곧바로 재판부에 연락하여 신속하게 송달해달라고 독촉해야 한다. 만약 송달불능될 경우 법원 집행관에 의한 송달도 적극적으로 활용해야 한다. 변호사가 독촉하지 않으면 재판부도 송달에 신경을 쓰지 않는다. 소장을 접수하고 무작정 재판부의 자진 송달만을 기다리는 변호사는 이미 빵점이다.

또 점유자의 입증을 위해서 주민센터와 세무서에 사실조회를 신청하기도 하는데 소장 접수 직후에 하는 것이 좋다. 공공기관을 상대로 하는 사실조회도 상당한 시간이 걸리기 때문이다.

그리고 소장이 송달되면 피고들에게 한 달의 답변서 제출기한이 주어지게 되는데, 이 기간이 지나면 곧바로 변론기일 지정신청을 해야 한다. 아무런 독촉 없이 가만히 기다리면 수개월이 지나도 재판기일이 잡히지 않을 수도 있다. 소장 접수 후 2~3개월 이내에 1회 변론기일이 지정될 수 있도록 해야 한다. 그 후 1회 내지 2회 변론기일로 재판이 종료되어야만 소장 접수 후 6개월 이내에 판결을 선고받아 강제집행을 위한 집행권원을 확보할 수 있다.

숨어 있는 점유자를 찾아내자

소장 접수 전후로 반드시 점유이전금지가처분을 해두어야 한다. 점유이전금지가처분을 하는 이유는 명도소송 중간에 점유자가 변경되는 것을 막고 판결에 의한 강제집행을 용이하게 하는 데 있다. 또한 가처분을 통하여 점유자를 정확히 파악하고, 잘못된 점유자 정보를 바로 잡고 숨어 있는 점유자를 찾아낼 수 있다.

가끔 조합의 이주업체에서 점유자 정보를 잘못 알려주는 경우가 있다. 점유이전금지가처분의 집행과정에서 정확한 점유자 확인이 가능하며 만약 새로운 점유자를 확인하게 된 경우 신속하게 조합과 협의하여 추가로 명도소송을 제기해야 한다.

'재개발' 명도의 고유 법리, 수용재결과 보상금 지급이 완료되어야

재건축과는 달리 재개발구역의 현금청산자에 대한 명도소송에서 승소하기 위해서는 반드시 관할지방토지수용위원회의 재결과 함께 보상금 지급이 완료되어야 하며, 적시에 재결서와 공탁서 등이 법원에 제출되어야 한다. 명도소송을 담당하는 변호사가 현금청산자에 대한 수용재결업무를 함께 처리한다면 재결 진행상황을 동시에 파악할 수 있어 효율적인 업무처리가 가능하다. 만약 명도소송을 담당하는 변호사와 재결업무를 담당하는 업체가 다를 경우, 양자가 긴밀하게 소통하면서 관련 증거를 신속하게 법원에 제출해야 한다.

화해권고결정을 적극 활용하자

명도소송을 제기한 후 법원에 화해권고결정이나 강제조정을 적극적으로 요청할 수도 있다. 위 화해권고결정이 확정되면 승소판결과 동일한 효력이 있기 때문에 소송을 신속히 종결시킬 수 있다. 신속하게 화해권고결정을 받으면 2~3개월 안에 소송을 종결시킬 수도 있다.

법무법인 센트로 명도소송 상세 계획

순번	단계별 진행 절차	내용	예상 소요기간
1	명도소송 소장 접수	• 명도소송 소장 접수 • 부동산점유이전금지 가처분신청 • 명도 대상 부동산 전입신고, 사업자등록신고 내역 등 점유자 확인을 위한 관할 행정청 사실조회 실시	2~3개월
2	재판부 배당	• 사건번호 부여 및 담당 재판부 배당	
3	소장 검토 및 심리	• 사실관계 및 법리 심리 개시	
4	피고 송달	• 등기우편송달(송달되지 않는 사람들에게는 야간, 휴일 등 집행관 송달 시도)	
5	피고 답변서 제출 기간	• 소장을 송달받은 후 1개월 내에 답변서 제출 기간	
6	변론기일 지정	• 재판을 신속히 진행하기 위해서 재판부에 제1회 변론기일지정신청	
7	변론기일 진행 및 변론종결	• 통상 2회(또는 3회) 변론기일 진행 후 변론종결 ※변론종결 전에 재개발 수용재결 완료되어야 함.	2개월
8	판결선고	• 변론종결 후 약 1달 뒤에 판결 선고	1개월
9	강제집행	• 피고에게 판결문 송달 후 강제집행 가능(피고들 판결문 송달증명원, 집행문 발급) 계고기간을 포함하여 약 1달 정도 예상됨.	1개월

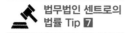
변호사 얼굴 보고
입금하라

변호사를 선택할 때 다음 사항들을 염두에 두고 있으면 나를 위해 일해줄 사람을 찾아낼 수 있다.

1. 사무장은 가려서 만나라

변호사 사무실에 사무장을 두는 경우가 많은데, 사무장은 크게 두 종류가 있다. 내근형과 외근형이다. 내근형은 말 그대로 사무실에 출근하면서 변호사의 사무를 보좌하는 내부 실무형을 말한다. 외근형은 외부에 돌아다니면서 사건을 따오는데, 이들은 사건이 어떻게 돌아가는지에 대해서는 관심이 없다. 그런데 외근형에도 두 종류가 있다. 첫 번째 유형은 소속 사무실 없이 돌아다니면서 사건을 따온 후 보수를 많이 주는 변호사 사무실에 일을 주는 경우, 즉 브로커다. 두 번째 유형은 소속 사무실은 있지만 주로 밖에서 일하는 사람이다. 이 경우도 주의가 필요하다. 소속이 분명하고 명함도 있지만 일을 잘 안 하는 사람이 많다. 밖으로만 돌기 때문에 일이 돌아가는 상황을 잘 모른다. 그러면서 큰소리만 친다.

2. 의뢰인과 변호사가 법정에서 처음 만난다

보통 한 정비구역에서는 리더에게 사건을 일임한다. 리더는 앞장서서 적당한 변호사를 물색한다. 그런데 리더가 변호사를 알아보는 과정에서 앞서 말한 두 번째 유형의 외근 사무장과 만나게 되는 수가 있다. 둘이서 이야기를 하다 보니 일이 될 것 같다. 리더는 처음에 선한 의도로 시작한다. 그러나 사무장과 이야기를 하면서 자기구역의 사건을 사무장이 소속된 변호사 사무실에 다 맡기되, 리더인 자기 선임료는 면제해주는 조건으로 이야기를 한다. 사무장과의 사이에 리베이트가 오고가면서 유착관계가 발생하기도 한다. 뭐든지 유착관계가 발생하면 효율성이 떨어진다. 적당히 경쟁이 있고 주변에서 "그 사람 일 잘하고 있냐? 더 잘해준다는 곳이 있으니 거기랑 하자"고 자극하는 사람도 있어야 일이 돌아가는데, 구역의 사람들은 리더에게 일임해버리고 관여를 안 한다.

유착관계 자체보다 더 큰 문제는 이 때문에 당사자인 조합원과 변호사가 직접 소통하지 못한다는 점이다. 조합원은 리더에게 일임해버리고, 리더가 조합원을 대신해서 사무장과 소통하고, 이를 사무장이 변호사에게 전달한다. 변호사는 사무장 말만 듣고 일을 처리한다. 의뢰인과 변호사가 법정에서 처음 만나기도 한다.

3. 일명 '사무장 로펌'도 있다

사무장이 초짜 변호사를 고용하고 월급을 주는 형태의 로펌이 일명 사무장 로펌이다. 변호사법 제34조 제4항은 변호사가 아닌 사람은 변호사를 고용하여 법률사무소를 개설·운영하여서는 안 된다고 규정하고 있다. 그럼에도 불구하고 돈 많고 나이 지긋한, 경험도 어느 정도 쌓은 사무장이 실제 사장인 로펌들이 있다. 이런 사무실은 1~2년 차 신입 변호사들을 쓴다. 변호사들은 월급을 받으면서 사무장이 하라는 대로 할 수밖에 없다.

이런 로펌의 사무장은 의뢰인에게 "이거 된다!"라면서 큰 소리를 쳐서 사건을 따낸 다음 일은 변호사에게만 맡겨버린다. 가끔 사무장이 소장을 써서 변호사에게 주는 경우도 있다. 사무장이 쓴 소장은 나름, 법조문과 판례 등을 나열하긴 했어도 논리적으로 말이 안 된다. 이대로는 안 된다고 얘기하면 사무장은 그냥 그렇게 하라고만 한다. 변호사는 별 수 없이 그 소장을 그대로 법원에 제출한다. 말도 안 되는 소장을 본 판사는 변호사를 다그친다. 의뢰인과 변호사가 직접 소통을 못하니 결국 사건 처리는 엉망이 된다. 이렇게 사건이 끝나버리면 사무장은 변호사를 탓하면서 의뢰인에게 다른 말을 한다. "아, 변호사가 일을 잘 못해서……." 이런 경우는 변호사도 사건에 대한 애정이나 책임 의식이 없다. '얼른 때려치우고 나가야지' 하는 생각을 할 뿐이다.

4. 착수금은 사라지고 사건 처리는 엉망이 되고

일이 잘못 돌아간다 싶으면 리더는 실력 있는 다른 변호사를 찾기 시작한다. 그런데 정직하고 실력 있는 변호사들은 대개 뻣뻣하다. 솔직하게 패소 가능성을 알려준다. 그런데 패소 가능성을 생각하기 싫은 의뢰인들은 승소를 장담하는 변호사들에게 끌린다. 승소를 장담하는 변호사들은 착수금을 받지 않겠다고 하면서 대신 성공보수 약정을 크게 한다.

우리가 최근에 상담한 사례가 위와 같았다. 리더가 외근 사무장을 만나서 사건을 넘겼고 사람들에게서 착수금 명목으로 150만 원씩을 걷었다. 그런데 정작 변호사 선임계약서에는 착수금 무료에 성공 보수 10%로 되어 있었다. 그 착수금은 외근 사무장이나 리더가 챙겼거나 둘이 나누었을 가능성이 높다. 리더가 의뢰한 사건은 명도소송이고 당사자가 많은데다 복잡하기도 했는데, 변호사가 선임계를 안 내버렸다. 결국 무변론으로 원고 승소 판결이 나왔고, 항소도 하지 않아 그중 일부는 판결이 확정되어 버렸다.

무변론 판결이란 피고가 답변서 제출기간 동안 답변서를 제출하지 않거나, 원고의 주장을 모두 인정하고 그에 대하여 반박하지 않을 때, 원고가 주장한 사실을 피고가 모두 자백한 것으로 보아서 법원이 변론 없이 바로 선고기일을 지정하고 판결을 선고하는 것을 말한다. 판결이 이렇게 나오자 당사자들은 담당 변호사에게 연락해서 왜 선임계를 내지 않았느냐고 따졌다. 그러자 당황한 변호사는 집행정지를 신청하겠다고 했다. 그러나 이런 사안은 집행정지를 신청해도 받아들여지지 않는다. 일이 이렇게까지 되자 당사자 중 일부는 변호사에게 손해배상을 청구하고 리더를 형사고발하겠다고 했고, 이를 수습하려는 리더가 그 변호사와의 계약을 해지하겠다고 하면서 우리를 찾아온 것이다.

5. 반드시 확인하고 주의하라

위와 같은 일이 비일비재하다. 그러니 다음 사항을 반드시 확인하고 주의해야 한다.

첫째, 변호사는 얼굴을 대면하고 선임하라.

둘째, 불가피하게 사무장과 미리 만나더라도, 입금은 변호사 얼굴을 본 후에 하라.

셋째, 변호사가 사건을 알고 있는지 확인하라.

변호사에게 전화해서 당신의 사건을 제대로 처리하고 있는지 확인해야 한다. "네, 사무장에게 보고 받았습니다" 정도만 듣고 안심해서는 안 된다. "어떻게 처리하실 건가요?"를 반드시 물어라. "네,

이러저러하다고 하니까 지금 요러저러한 상태인 건데요. 앞으로 A방식으로 처리하면 될 것 같습니다. A가 안 되면 B방식으로 해보려고 합니다"라는 대답까지 들어야 한다.

넷째, <u>현금청산은 집단으로 소송하는 경우가 많은데, 리더나 사무장의 말만 믿지 말고 변호사를 직접 만나라.</u>

말 많은 사람을 믿어서는 안 된다. 말 많은 사람은 행동할 시간에 말을 하기 때문이다. 제대로 일을 하는 사람은 말할 시간에 일을 한다.

맺음말

대세를 잘 보고,
법을 제대로 활용하자!

재개발 재건축 관련 법률업무에 종사하면서 개발시행자와 기존 원주민과의 극심한 대립을 가까이에서 지켜볼 기회가 많았다. 초기에는 조합 자문변호사 일을 맡았었고, 이후에는 조합원이나 소위 비대위 측의 변론을 맡기도 했다. 이런 일을 하면서 드는 의문이 있었다. 도대체 이들은 왜 이렇게 갈등하는 것일까? 도대체 개발이 뭐길래 평범한 사람들을 이렇게 만들어놓았을까? 한국전쟁 이후 도시개발의 역사는 어떻게 이루어졌을까?

전 서울시 도시계획국장이자 서울시립대교수였던 손정목 씨가 쓴 《서울 도시계획 이야기-서울 격동의 50년과 나의 증언》이라는 다섯 권짜리 책이 있다. 《한국 도시 60년의 이야기(총2권)》라는 책도 있다. 이 책들에는 한국전쟁 당시의 서울 폭격과 피난, 전쟁 후 도시 복구, 종로 3가 사창가의 기원과 문인들의 드나듦, 화교들이 살던 롯데백화점 근처 개발 과정에 얽힌 이야기, 경부고속도로 건설, 과천서울대공원 건설 과정과 그 땅을 빼앗긴 사람들의 피맺힌 소송, 그곳에서 터를 닦고 살고 있던 종교 신도들의 극심한 개발 반대투쟁, 목동 대단지 아파트의 탄생, 강변 판잣집 주민들의 전쟁, 무시무시한 개발을 가능하게 한 택지개발촉진법의 시행 등 모든 것들이 생생하게 기록되어 있었다.

우리는 한때 주민들이 전쟁을 치르듯 투쟁하였던 서울 곳곳을 무심하게 지나며 살고 있다. 그때나 지금이나 상황은 크게 다르게 보이지 않는다. 오랜 시간에 걸쳐 마을이 형성되고 안정적으로 살고 있던 원주민들은 어느 날 갑자기 개발이라는 명목 하에 터 잡고 살던 땅을 떠나야 하는 상황이 된다. 그러다 보니 이를 매입하여 개발하려는 세력과 생사를 건 투쟁을 시작한다. 생활의 터전을 지키려는 사람과 그곳에서 새로운 이득을 취하려는 세력과의 투쟁은 계속 반복되었다. 결과는 항상 대자본과 권력을 가진 개발시행자들의 승리로 끝났다. 물론 투쟁하던 원주민의 의미 있는 성취도 있었다. 하지만 대세는 언제나 정복자의 승리였다.

역사는 반복된다. 힘없는 자가 힘 있는 자에게 이긴 적이 과연 얼마나 되겠는가?

도시는 물론 국가 전체를 기획해야 하는 관청과 개발을 통해 이익을 얻으려는 건설업자의 눈에는 이에 맞서는 원주민이 도시 발전과 국가 부흥을 가로막는 방해꾼으로 비쳤을 가능성도 매우 높다. 때로는 목숨을 걸고 투쟁하는 원주민이 어느새 마을의 발전을 가로막는 민폐 세력으로 취급받기도 했다. 대법원이 연이어 조합의 행위를 합법이라 판결하고 헌법재판소도 관련 법률에 대하여 합헌 결정을 내린 것은 개발로 인하여 피해를 보는 원주민의 처지를 몰라서가 아니라, 이해는 하지만 전체 공익을 위하여 어느 정도의 희생은 감수해야 한다고 판단한 것으로 보인다.

최근 매도청구를 당한 어느 조합원이 "도대체 얼마나 더 희생을 원하는 겁니까?" 하면서 울분을 토한 적이 있다. 과연 이런 대립과 갈등은 언제쯤 되어야 끝을 볼 수 있을까? 부동산 거품이 극에 달하고 공급이 수요를 한참 초과하면 재개발이 더 이상 의미가 없어진다는 사실을 모두가 깨달을 때일까? 그렇게 되면 문제는 더 심각해질 수도 있다. 특히 이미 개발을 진행 중인 곳은 조합을 해산하고 개발을 중단해야 하는 상황이 된다. 그럼 그동안 들인 비용 등의 중간 정산은 어떻게 할 것인가? 개발 동력을 잃은 마을들은 계속 오래되고 낡은 집들이 모인 상태로 살아갈 수밖에 없게 된다. 있는 사람은 하나둘 다른 곳으로 떠날 수 있지만, 그렇지 않은 사람은 낡고 불편해도 그냥 그곳에서 살아야 한다. 그게 언제까지 가능할까?

평균수명 100세 시대라고 하는 요즘도 사람은 40대 후반쯤 되면 몸 여기저기가 아프기 시작한다. 노안도 생기고, 퇴행성관절염도 생긴다. 때로는 큰 수술을 받아야 하는 질병에 걸리기도 한다. 늙지 않고 아프지 않고 죽을 때까지 살면 좋겠지만 그건 불가능에 가깝다. 우리가 사는 집이나 도시도 마찬가지다. 시간이 지날수록 낙후된다. 조금씩 고치고 살아도 언젠가는 다 부수고 새로 지어야 할 때가 온다.

물론 여윳돈이 있는 사람들은 어렵지 않게 헤쳐 나갈 수 있다. 추가부담금을 내면 새집이나 새로운 상가를 받기 때문이다. 그런데 문제는 가진 재산이 겨우 집 한 채이고, 대출까지 남아 있는데다가 추가부담금은 도저히 낼 여력이 없는 경우다. 상가에 세를 내면서 장사하던 사람들은 문제가 더 심각하다. 주거세입자들은 주거이전비를 받아서 나갈 수 있지만 상가세입자들은 직장에서 하루아침에 내쫓기는 것과 다를 바 없다.

재개발 재건축 사업의 실체는 도대체 뭘까? 조합의 집행부, 행정관청, 서민들에게 한번 물어보자. 저마다 자기의 입장에 따라 각양각색의 이야기가 나온다. 조합 집행부는 마을 사람들이 단합하여 마을을 개발하는 것이 재개발 재건축이라고 말할 것이다. 지금 당장의 작은 손해를 감수하면 마을 사람 모두가 훨씬 더 큰 과실을 취할 수 있다고 말이다. 과실이 클수록 낙수효과도 커질 것이다. 그래서 그들에게 중요한 것은 사업의 빠른 진행이다. 부동산 경기가 더 나빠지기 전에 얼른 공사를 완료해서 분양해야 조금이라도 더 이익을 내고 모두에게 좋다고 생각한다. 자신의 재산이 저평가되었다고 하면서 사업 진행에 반대하는 조합원들을 사사로운 이익 때문에 많은 사람들의 발목을 잡는 존재로 여기기도 한다.

행정관청의 입장은 어떨까? 조합집행부와 크게 다르지 않다. 사업이 시행되면 노후 주택이 철거되고 새집이 들어선다. 게다가 조합이 도로를 새로 내고, 공원도 만들어 국가나 지방자치단체에 기부한다. 이렇게 갖춰진 정비기반시설은 고스란히 지방자치단체장의 실적으로 남는다. 손 안 대고 코 푸는 격이다. 반면 조합집행부가 아닌 사람들은 의문을 가진다. '참여한 모든 사람에게 고루 이익이 돌아갈까?' 하고 말이다. 그렇지 않다. 편파적으로 배분되는 경우가 훨씬 더 많다. 낙수효과로 얻는 이익보다 내가 입을 손해가 더 크다. 부모님의 피와 땀이 서려 있는 집이 실제보다 저평가된 것만 봐도 뻔하다. 혹시 재개발 재건축이 부모님과 내가 고생하며 만든 재산을 바쳐 시공자, 행정관청의 배만 불려주는 것은 아닐까?

시공사도 입장이 있다. 일단 시공사로 선정된 후부터는 조합에 영향력을 행사할 수 있지만 선정되기 전까지는 시공사도 을이었다. 조합에서 공사비를 평당 400만 원 이하로 하라고 압력을 넣으면 턱없이 부족하다는 걸 알면서도 일단 울며 겨자 먹기로 평당 380만 원으로 계약을 체결한다. 하지만 시공사로 선정되고 나면 총회를 거쳐 조금씩 사업비를 늘린다. 적당히 멈춰야 하는데, 증액이 순조로우면 이 구역의 공사비를 넉넉히 확보하면서 다른 정비구역에서 본 손해까지 보전하려고 욕심을 낸다. 그래서 이런저런 물밑 작업을 한다.

정비업체(정비사업 전문관리업체)도 있다. 정비업체가 추진위원회 결성 단계부터 사업의 끝까지 조합과 함께하면 큰 문제가 없다. 그러나 다른 정비업체들과의 우위 다툼에서 밀리거나 시공사가 선정된 이후 시공사의 입김이 작용하는 등의 이유로 사업 중간에 다른 업체로 바뀌기도 한다. 중도하차한 정비업체는 억울하다. 아무것도 모르는 사람을 조합장으로 앉히고 특정 건설사를 시공사로 만들어 주었건만 정작 그들이 권력을 잡고 나니 버림받는 꼴이다. 게다가 밀려나기 전까지 조합에 돈을 대주었는데 그 돈도 받지 못했다. 돈과 개인적 원한이 얽히고설켜서, "빌려준 돈 돌려줘!"가 "조합집행부가 썩었다. 정의를 바로 세워야 한다!"로 둔갑하기도 하고, "시공사 선정 과정에서의 비리를 폭로하겠다!"면서 고소·고발전으로 격화되기도 한다.

조합집행부에서는 반대 조합원은 모두 비대위라고 부르며, 특별한 배후가 있거나 특수한 이익을 추구하기 위해 공익을 뒤흔든다고 생각한다. 반면에 반대 조합원들은 조합집행부를 모두 건설사의 꼭 두각시나 파렴치한 모리배로 몰아댄다. 한쪽이 정말 완전히 나쁜 사람들이냐 하면 그렇지도 않다. 상식이 통하는 사람들이 있는 반면 말도 안 되는 억측으로 일관하는 사람들이 있고, 양심적인 사람들이 있는 반면 오로지 자기 이익만 챙기려고 혈안이 된 사람들도 있다. 조합원들 중에는 개발 때문에 극심한 피해가 예상되는 사람이 분명 있다. 집 한 채를 월세로 주고 거기서 나오는 월세로 노후를 지내는 노부부나 권리금과 인테리어 비용은 한 푼도 보상받지 못하고 나가야 하는 상가세입자들이 바로 그들이다. 반대로 개발로 인한 보상을 노리고 부당하게 조합을 압박하는 악덕 조합원도 분명 있다. 처음 시작은 정말 순수하게 자신의 재산을 지키기 위해서였으나 점점 사업 발목잡기를 하면서 부당 이익을 추구하는 쪽으로 변질되는 사람도 있다. 한몫 왕창 챙기려고 하는 사람도 있다. 이들 모두 자신들을 재산보호위원회라고 부른다. 조합집행부도 마을의 발전을 위해 정말 헌신적으로 노력하는 사람도 있고, 반면에 이곳저곳에 이권을 주고 뒷돈을 받아 챙기는 사람도 있다.

이렇게 다양한 주체들의 이해관계가 얽혀 있고 각 주체들 사이에서도 저마다의 입장이 다르기 때문에 각 주체들은 사업이 진행되면서 이합집산을 반복한다. 가만히 관찰하면 정치판이 따로 없고 삼국지가 별 게 아니다. 여기서 일하게 되는 변호사들은 피라미 용역업체쯤 된다. 선임되었다가 금방 잘리기도 한다.

다양한 문제가 산재함에도 불구하고 개발의 흐름은 앞으로도 지속될 것이다. 전국의 모든 도시와 마을이 한날한시에 건설된 것이 아니기 때문에 당연히 이 마을이 낙후되어 새로 개발되면, 또 다른 마을을 개발할 일이 생긴다.

개발은 한 시대의 유행이다. 타당하건 타당하지 않건 그 태풍을 막기는 쉽지 않다. 1970년대 개발의 광풍에 수많은 원주민이 거처를 떠나고 그 자리에 새로운 사람들이 정착하여 1980년대 새집을 짓고 산 지 어언 30년 이상이 흘렀다. 또 한 번 개발의 광풍이 불 때가 되었다. 개발이 반드시 정답이거나 정의라는 말은 아니다. 하지만 불어오는 광풍을 거스르는 것보다는 광풍에 자연스럽게 올라타고 앞으로 살 길을 찾아내는 것이 더 필요하다. 개발에 극심한 반대를 하다가 상처 입는 사람도 너무 많이 보고 경험했기 때문이다. 그래서 개발에 반대하고 저항하는 원주민들에게 다음과 같은 말을 하고 싶다.

"있는 힘을 다해 저항해볼 필요는 있지만 어쩔 수 없는 흐름, 즉 대세가 있는 것이니 대세를 잘 보고 움직이는 것도 필요합니다"라고.

법은 계속 바뀐다. 새로운 판례도 계속 나온다. 법이 반드시 정의로운 것만은 아니다. 돈 많고 힘센 사람들의 입김이 작용하기도 한다. 강자로부터 약자를 보호하기 위한 법도 만들어진다. 이런 법을 강자들이 악용하기도 한다. 하지만 일반인들이 법을 알고 이를 적용하기는 쉽지 않다.

경험을 살려 재개발 재건축을 둘러싼 다양한 법을 소개했다. 하지만 실제로 내가 그 상황이 되지 않으면 모를 수밖에 없는 이야기들이다. 하지만 언제든 내 일, 내 주변의 일이 될 수 있으므로 관심을 가지고 알아두면 반드시 도움이 되리라 생각한다. 다만 법은 계속 바뀐다는 사실은 항상 염두에 두어야 한다.

부록

중학생, 할머니도 알아야 할
필수 법률상식

1. 법원 서류는 당사자에게 정확히 전달해야 한다

중학생, 할머니, 할아버지, 식당 직원 등도 꼭 알아두어야 할 필수 법률상식이 있다. 이걸 모르면 정말 큰일이 난다. 바로 '법원에서 온 서류는 당사자에게 정확히 전달해야 한다'는 것이다. 우리 판례는 중학생 정도 되면 송달문서 수령능력을 인정한다. 그리고 치매상태가 아닌 한 정상적인 인지능력을 가진 노인이 문서를 수령해도 그 수령능력을 인정한다. 자영업자가 고용한 직원도 수령능력이 있다. 그러므로 이들이 수령하면 당사자 본인이 문서를 수령한 셈이 된다.

2. 안타까운 사례들

법원에서 오는 각종 서류를 처박아 두는 바람에 그 내용 그대로 판결이 확정되어 더 이상 다투어볼 수 없는 사례가 매우 많다. 건설회사 직원이 법률관련 문서를 상사에게 전달했지만, 상사는 지방에서 업무를 보느라 결재가 늦어졌고, 결국 기한이 지나 그 건설회사는 등록말소가 확정되어버린 사례가 있었다. 행정소송으로 다툴 수 있는 90일의 기간이 지나버리면 소송을 제기해도 이기기가 정말 힘들다. 이때 직원은 상사에게 전화로라도 연락하여 법원이나 행정관청에서 온 문서이니 며칠 이내에 이의신청을 해야 한다는 사실을 정확히 알렸어야 했다.

중학생인 자녀가 아버지 앞으로 온 법원 송달문서를 받은 후 이를 아버지에게 전달하지 않아, 결국 기간이 경과하여 중대한 법적 책임을 지게 된 가슴 아픈 사연도 있다.

먼저 등기우편물을 받은 사람이 중학생(고등학생, 대학생도 포함)이든, 집안의 노인이든, 회사의 직원이든 법률문서는 반드시 당사자 본인에게 정확하게 전달하고 그 날짜를 확인시켜주어야 한다. 이의신청 등의 마감 기한이 정해져 있는 경우 그 기한을 놓쳐버리면 정말 큰일 날 수 있기 때문이다. 급하면 이메일, 문자, 전화로라도 그 마감기한을 정확히 알려주어야 한다.

변호사에게
사건 의뢰하는 법

의뢰인도 변호사에게 섭섭한 점이 있겠지만, 변호사도 의뢰인과 상담하고 재판을 진행하다 보면 의뢰인에게 아쉬운 점이 많다. 재판은 매우 지루한 싸움이다. 다음의 사항들은 변호사 입장에서 의뢰인에게 꼭 부탁하고 싶은 내용을 모은 것이다. 원활한 재판진행과 승소를 위해서 반드시 기억해두기 바란다. 이러한 점을 잘 협조해주면 사건해결에 훨씬 도움이 된다.

1. 증거수집의 중요성

재판에서 승소하기 위해서는 무엇보다도 확실한 '증거'를 많이 수집해야 한다. 증거 없이 주장만 하면 판사가 잘 믿어주지 않는다. 판사는 양측의 말을 다 듣고 공평하게 판단해야 하는데 이때 가장 중요한 것이 객관적인 증거다.

2. 증거서류

증거로는 각종 서류(계약서, 공문, 타인의 진술서)가 가장 유용하다.

3. 녹음

상대방과 대화한 것을 '녹음'한 것도 증거가 된다. 증거서류가 없으면 지금이라도 상대방과의 대화내용을 녹음하기 바란다. 자신이 대화에 참여한 것을 녹음하는 것은 처벌받지도 않고, 재판의 증거로 사용할 수 있다.

통신비밀법에서는 비밀녹음을 처벌하고 있지 않지만 민사상 위자료가 인정될 가능성도 있다는 하급심 판결이 있었다. 즉, 최근 서울중앙지방법원에서는 "동의 없이 상대방의 음성을 녹음하고 재생하는 행위는 특별한 사정이 없는 한 음성권을 침해하는 것으로 불법행위에 해당하며, 정당한 목적이나 이익이 있고 비밀 녹음이 필요한 범위 내에서 이뤄져 사회윤리나 사회통념에 비춰 용인될 수 있다고 평가받을 경우에는 위법성이 조각된다."라고 판시하였다(서울중앙지방법원 2018. 10. 17. 선고 2018가소1358597 판결). 다만 이 사건에서도 구체적인 결론에서는 위자료를 인정하지는 않았다.

4. 재판소요 기간(6개월 이상)

재판은 약 6개월 정도 걸리는 것이 보통인데, 복잡한 사건이거나 감정, 사실조회 등이 필요한 사건은 10개월 이상 걸릴 수도 있다. 그로 인해 원고 측은 10만 원 정도의 송달료를 더 내야 할 때도 있다.

5. 원고의 경우

소장 제출 후 약 10일 뒤에 상대방이 받아보고 그로부터 두 달쯤 뒤에 첫 재판 날짜가 잡힌다. 재판 날짜는 3~4주 간격으로 잡히는데, 약 세 차례 정도 법정출석을 하고 나면 변론을 종결(결심)하고 선고기일을 잡는다. 이렇게 하면 최소 6개월가량이 소요된다.

6. 상대방 변호사의 입장

판사가 나의 주장이 옳다고 인정해주어야 재판에서 승소한다. 가장 좋은 방법은 '나와 다투고 있는 상대방이나 그쪽 변호사는 뭐라고 말할까?'를 미리 생각해보는 것이다. 상대방이 할 것으로 예상되는 주장이나 증거를 미리 생각해보고 그에 대한 반박자료를 준비해두어야 한다. 간혹 변호사가 의뢰인에게 "상대방 변호사라면 이런 말을 할 텐데 어떻게 생각하십니까?"라는 질문을 하면 "왜 상대방 편을 드느냐?"고 화를 내는 분들이 있다. 상대방 편을 드는 것이 아니라 '상대방도 바보가 아닌 이상 이런저런 주장을 할 것이므로 그에 대한 준비를 해야 한다'는 의미에서 물어보는 것이다.

7. 법정출석

법정에는 변호사가 대신 출석하므로 안 나가도 된다. 그러나 가급적 출석하는 것이 좋다. 그리고 법정에서의 진행은 순식간에 끝날 수 있으므로 판사에게 하고 싶은 말은 적어 가면 좋다(A4 절반 분량). 재판기일과 시간, 호실 위치 등에 관해서는 법률사무소 직원에게 전화로 문의하면 된다. 그리고 판사, 검사, 변호사에게 이야기하거나 통화할 때는 항상 '결론'부터 말하는 것이 좋다. 결론부터 먼저 말한 후 그다음에 설명해야 의사소통이 신속하게 이루어지고 오류가 생기지 않는다. 그리고 법정에서 판사가 우리 측에 유리한 듯한 말을 했다고 해서 곧 소송에서 이길 것이라고 생각하면 안 된다. 별다른 의미 없이 한 말일 수도 있다.

8. 마음자세

재판은 중환자가 병을 치료하는 과정과 같다. 5~6개월 이상 걸리며, 고등법원까지 가면 또 그만큼의 시간이 걸린다. 아무리 유리한 상황이라도 이긴다고 확신할 수 없다. 그러므로 차분하고 냉정하게 재판을 진행하려는 마음가짐을 가져야 한다. '이렇게 억울한 일이 있을까? 왜 나한테 이런 일이 생겼을까?' 하는 하소연은 아무 도움이 안 된다. 그 대신 '앞으로 어떻게 해야 해결할 수 있을까?'만 생각해야 한다.

9. 주장의 정리

법원에 제출하는 '변호사의 서면'은 주장이 간략하고 명확하게 정리되어 있어야 하며 이를 뒷받침할 수 있는 증거가 첨부되어야 한다. 재판진행 도중에 법원에 꼭 전달하고 싶은 주장이 있다면 컴퓨터로 작성한 문서를 변호사에게 이메일로 보내면 된다. 전화보다는 문서로 작성해주는 것이 준비서면 작성과 재판진행에 도움이 된다. 다만 너무 길게 작성하면 안 된다.

10. 진술서 및 탄원서의 활용

간혹 변호사의 준비서면에 "이런저런 내용을 꼭 넣어달라"고 하는 분들이 있다. 그런데 주장일 뿐 뒷받침할 증거가 없거나 지엽적인 논점이어서 변호사가 쓰는 서면에는 담기 곤란한 경우가 많다. 막연한 내용을 변호사의 준비서면에 자꾸 담으면, 판사는 변호사의 실력을 의심하게 된다. 그 후로는 변호사의 말을 잘 듣지 않게 되고 증거의 신빙성도 떨어지게 된다. 이런 경우에는 의뢰인이 직접 '탄원서' 또는 '진술서'를 작성하여 법원에 제출하는 방법이 좋다. 자신이 하고 싶은 말을 편안하게 쓰고 날짜, 이름, 서명(또는 날인)을 기재하면 된다. 앞장과 뒷장 사이에는 간인을 하고 가급적 주민등록증 사본을 첨부하는 것이 좋다. 인감도장을 찍고 인감증명서를 첨부하거나 공증을 하면 더 확실하다.

친필보다는 컴퓨터로 작성하는 것이 좋다. 분량은 A4용지 세 장을 넘지 않게, 글자는 크게(13포인트 이상), 줄 간격도 넓게 하여 읽기

편하게 해야 한다. 직접 법원 민원실에 제출(원본 1부, 사본 1부, 사건번호 반드시 기입)해도 되고 변호사 사무실에 제출해도 된다.

11. 재판진행 도중 문의나 상담

의뢰인이 여러 명인 경우에는 대표자 한 명을 정하고 대표자가 변호사 사무실로 전화하는 것이 좋다. 여러 사람이 각자 전화하면 반복해서 설명하게 되어 본의 아니게 변호사 사무실에서 불친절하게 응대하는 경우가 가끔 생기기 때문이다.

감정평가사
활용법

재개발 재건축에서는 감정평가가 매우 중요하다. 자신이 현재 보유하고 있는 부동산을 얼마로 평가하느냐에 따라서 추가부담금이 정해지기 때문이다. 그리고 사업에서 이탈하여 청산자가 되는 경우에는 법원에서 청산을 위한 보상평가를 받게 된다.

재개발에서는 수용을 하게 되는데, 수용보상평가도 중요하다. 이때 감정평가사는 어떤 사람들인지, 그리고 그들을 어떻게 다루어야 하는지를 알아 두면 도움이 된다.

대한민국에는 감정평가사가 5천 명 정도 있고 이들은 국토교통부 장관의 지휘감독을 받는다. 변호사가 2만 5천 명 이상인 것에 비하면 적은 편이다.

1. 평가사를 견제할 수 있는 사람은 평가사뿐

감정평가는 매우 전문적인 분야이므로 법원의 재판장들도 여간해서는 감정평가사의 평가결과를 뒤집지 않는다. 이들의 평가는 거의 절대적이다. 절대적이란 말은 다른 한편으로는 부패의 가능성도 많다는 말이 된다. 견제 세력이 있어야만 적절한 평가가 이루어진다. 이들을 견제할 수 있는 사람은 누구인가? 평가사밖에 없다. 오직 평가사만이 평가사의 독주를 막을 수 있다. 마치 검사, 판사의 독단적인 법운용은 같은 자격을 가진 변호사만이 견제할 수 있는 것과 같다.

평가사들은 5천 명 정도의 소수집단이라 여간해서는 집단 내에서 튀지 않으려는 성향이 있지만 최근에는 분화의 움직임이 보인다. 즉, 과거에는 사업시행자나 국가, 지방자치단체의 입장에서 평가를 해왔는데 최근에는 소액평가로 인해 피해를 입는 토지소유자의 입장을 대변하는 평가업무를 수행하는 사람들이 늘어나고 있기 때문이다. 수사와 재판을 대비하기 위해 변호사의 도움을 받듯이 자신의 재산에 대한 올바른 평가를 받기 위해서는 감정평가사를 직접 고용하여 이들로부터 사전 감정을 받거나 감정의견서를 치밀하게 받아둘 필요가 있다. 그러려면 돈이 들지 않느냐고? 돈을 벌기 위해서는 돈을 미리 써야 하고, 돈을 지키기 위해서도 돈을 미리 써야 한다. 돈 안 들이고 돈을 지키기는 매우 힘들다.

2. 걸어 다니는 재판장

재건축조합이 조합설립에 동의하지 않은 사람에게 매도청구를 하거나 분양신청을 하지 않은 사람들에 대하여 현금청산을 하는 경우, 최대 쟁점은 '상대방이 얼마에 사느냐'다. 그런데 매도청구(현금 청산 포함) 소송에서는 '법원이 선임한 감정평가사'에 의하여 가격이 결정되어 버린다. 더군다나 항소심에서도 제1심에서 이루어진 감정에 명백한 오류가 없는 한 재감정 자체를 실시하지 않으려는 경향이 있다. 대법원에 가도 1심의 감정평가에 대해 추가 심사의 여지도 없이 그대로 확정되어 버린다. 결과적으로 제1심의 감정평가사 1인이 가격에 관한 한 대법관과 같은 권한을 행사하는 셈이다. 소송의 핵심인 감정평가금액을 정하는 감정인은 그야말로 '걸어 다니는 재판장'이다. 그래서 양 당사자는 감정평가사에게 필사적으로 압력을 행사한다. 의견서 제출, 전화, 방문, 청탁 등의 방법을 쓸 가능성이 있다. 작은 도시에서는 원고와 피고 양측에서 감정인에게 수시로 전화를 하고 사적으로 자료를 주고받으며 함께 밥을 먹기도 한다. 마치 길거리 어디에서나 언제든 만날 수 있는 무방비 상태의 '재판장' 같다. 법원에는 변호사들이 판사실에 함부로 갈 수 없도록 스크린 도어가 설치되어 있다. 변호사와 판사의 통화도 대부분 녹음된다. 그렇다면 감정인과 당사자 사이에도 일종의 스크린 도어의 기능을 하는 장치가 필요하지 않을까?

재건축 매도청구에서 피고는 힘없는 개인들이고, 원고인 재건축조합은 평가사에게 일감을 주는 갑의 위치이므로, 평가사는 아무래도 조합 측의 의견에 더 신경 쓸 수밖에 없지 않을까 하는 생각이

든다. 대형 감정평가법인은 조합에서 일감을 받아야 하는 위치이다 보니, 다른 조합의 용역을 수주하는 데도 장애가 되지 않도록 감정을 하려는 경향이 있을 수 있다. 이에 반해 소규모 사무실을 운영하면서 법원감정만으로 운영비를 충당하는 개인 감정평가사는 조합 측의 용역을 수주할 일이 거의 없다. 게다가 최근에는 개인평가사들이 피고들로부터 강력한 반발과 압력을 받고 있어서 이런 압력이 귀찮아서라도 평가액을 후하게 쳐주는 경우도 있다. 아파트처럼 평가가 손쉬운 경우는 그렇지 않지만 단독주택의 경우는 감정사의 평가 재량이 폭 넓기 때문이기도 하다. 그리고 평가사가 아닌 사람이 감정평가 이후에 감정평가사의 재량행사에 하자가 있는지를 찾아내기는 불가능하다. 이럴 경우에는 평가액수가 높아져서 조합이 골탕을 먹기도 한다. 법원에서도 감정평가에 관하여 1인의 감정평가에 그칠 것이 아니라 수차례 감정을 실시하여 그 신뢰도를 높이는 노력을 해야 하지 않을까?

재건축사업의 현금청산소송에서도 재개발사업과 같은 객관성을 확보하기 위해서는 재판에서도 2인의 평가사를 선정하여 산술평균하게 하는 것이 필요하다. 실제로 일부 재판과정에서는 재건축 매도청구소송이나 현금청산소송에서 2인의 감정평가사를 선정한 사례가 있었다. 그게 아니라면 최소한 2심에서의 재감정 요구는 받아주어야 할 것이다.

3. '일부' 감정평가사의 암묵적 담합 의혹

지방의 어느 도시에서 활동하는 평가업체는 총 11개이고, 평가사의 숫자는 30명이다. 이들은 서로 잘 알고 지낸다고 한다. 이번 소송에서 법원이 선임한 평가사도 그 멤버 중 한 명이고, 원고조합이 조합원들의 분양신청을 위해 의뢰한 종전자산평가를 담당한 업체도 이들 멤버 중 하나라고 한다. 당연히 두 업체 사이에 대화가 오간다. '종전자산평가'는 사업을 계속 진행하는 조합원들의 추가부담금 산정을 위한 것이고, '매도청구평가'는 사업에서 이탈해 나가는 사람들에게 주는 시가보상평가인데, 이 두 가지가 서로 비슷해야 사업에 지장이 없다. 종전자산평가가 적절히 이루어졌다면 매도청구평가를 이에 준하여 하더라도 문제는 없다. 그러나 '종전자산평가는 조합원들의 사업이탈을 막고 매도청구 시 시가평가액을 낮추기 위한 기준점으로 작용하므로 종종 하향평가되는 경향이 있다'는 점이 문제가 된다. 이렇듯 하향평가된 종전자산평가액에 준하여 매도청구 시가평가가 이루어지면 이탈하는 자들은 손해를 보고 그만큼 조합에 남아 있는 조합원들이 이득을 보게 된다. 이탈하는 사람들에게 주어야 할 금액을 지급하지 않은 조합은 그 이득을 남아 있는 조합원들의 각 재산가액에 비례해서 배분하여 준다. 매도청구를 통해 이탈되는 사람들이 본 손해는 고스란히 조합으로 흘러 들어가게 된다. 그 배경에는 지방 소도시 평가사들의 암묵적인 카르텔이 자리 잡고 있다.

영리를 추구하는 평가사에게 한쪽 입장에 치우치지 않으면서 정확하고 공정한 감정평가를 기대하는 것은 무리일 수 있다. 감정평가는 한 번 하면 그만이라고 생각하고 불만이 있다면 '사실조회'를 하면 되지 않느냐는 입장이다. 그러나 사실조회는 거의 아무런 힘을 발휘하지 못한다. 이미 해놓은 평가서 내용에 대한 변명의 기회만 줄 뿐이다. 이제는 법원이 감정평가에 대하여 좀 더 적극적인 관심을 가지고 통제해야 한다고 본다. 매도청구의 감정인은 주심판사보다 강력한 존재이며, 가격결정에 관한 한 부장판사도 어찌할 수 없다. 명백한 위법만 없다면 재량의 폭에 들어가는 한 얼마든지 적당한 가격을 정할 수 있기 때문이다. 해당 재판에서는 재판부의 일원이나 다름없는 지위에 있는 감정인이 자신이 속한 소도시의 평가업체 모임에서 왕따 당하지 않기 위해서 결국은 조합의 압력에 굴복하게 된다.

4. 감정평가 시 소위 10% 룰(Rule)

토지의 감정평가는 표준지공시지가기준법에 따른다. 표준지공시지가기준법이란 말 그대로 표준지공시지가를 기준으로 평가하는 것이다. 어렵게 말하면, 평가대상의 토지와 유사한 가치가 있다고 인정되는 비교표준지의 공시지가를 기준으로 대상토지의 현황에 맞게 보정하여 가액을 산정하는 감정평가방법이다. 표준지공시지가는 국토교통부장관이 매년 1월 1일 현재의 가격을 조사·평가하여 중앙부동산평가위원회 심의를 거쳐 공시하는데, 일반 거래시세보다 낮은 경우가 대부분이다. 「공익사업을 위한 토지 등의 취득 및 보상에 관한 법률」(약칭: '토지보상법') 시행규칙 제17조는 토지보상법에 의한 감정평가와 관련하여 복수의 평가액 중 최고 평가액과 최저 평가액의 비율이 110%를 초과하는 경우, 다른 업체를 통해 재평가를 실시하여야 한다고 규정하고 있다.

토지보상법 시행규칙 제17조는 감정평가업무에 대한 공식적이고 객관적인 기준이 부족하여 평가액 간의 차이가 클 가능성이 높기 때문에, 재감정을 통하여 감정평가업자의 자의적인 평가를 최대한 방지하고, 감정평가의 객관성과 신뢰성을 담보하기 위하여 재평가를 규정한 것이다. 위 규정은 공공수용에서의 토지보상과 관련된 감정평가방법을 규정한 것이지만, 도시정비법상 재건축의 감정평가에 대해서도 참조하고 있다는 정황이 있다. 즉, 기존의 종전자산 평가금액을 기본 바탕으로 매도청구 및 현금청산에 있어서 감정평가액이 결정되고 있는 것이다.

우리 법무법인에서 수임한 사건을 분석해본 적이 있다. 소 제기 전 종전자산평가 감정평가금액을 산술평균한 값과 법원에서 감정평가한 값을 비교하여 증가율이 얼마나 되는지 살펴보았다. 결과를 보면 건물가액은 최소 0.3%에서 최대 30.9%로 그 증가율이 매우 다양하게 분포되어 있었다. 그러나 토지단가의 증가율은 거의 일정하였고, 대부분 10%를 넘지 않았다. 건물가액이 증가된 것도 소유자에게 유리하긴 하지만, 그보다는 토지단가가 올라야 한다. 토지와 건물의 가액에서 토지가 차지하는 비중이 월등히 높기 때문이다. 소송까지 가서 감정을 하니까 건물가액은 선심 쓰듯이 올려주는데, 토지단가는 10% 룰에 막혀 증가율이 높지 않았다. 결국 토지의 가액은 조합에서 실시한 종전자산평가금액이 기준이 되어버린 채 평가금액이 고정되어버리는 효과가 생긴다.

　재건축에서 이 룰이 적용될 이유나 근거가 전혀 없음에도 불구하고 이러한 룰을 적용시킴으로써 감정평가사들이 소신껏 감정평가를 하지 못하는 것은 심각한 문제라고 할 수 있다. 게다가 조합에서는 종전자산평가의 경우 개발이익이 배제된 금액이라고 하는데, 개발이익이 반영 안 된 종전자산평가를 기초로 10% 룰을 적용하는 것은 제대로 된 감정평가라고 하기 어렵다. 우리는 이러한 문제점을 지적하면서 단 한 차례 실시한 감정평가 결과를 그대로 수용하는 것은 토지 소유자에게 너무 가혹하니 재감정을 해달라고 재판부에 요청하고 있으나, 재감정을 받아주지 않는 재판부가 더 많다.

5. 감정평가 관련 법규는 너무 낡았다

　재판장은 법률을 못 바꾼다. 법률은 국회가 바꾼다. 현실은 법보다 빨리 변하는데, 그나마 있는 법도 졸속으로 개정되고 통과되니 허점이 너무 많다. 그러나 아무리 현실을 반영하고 있지 않다고 하더라도 버젓이 법률이 있으므로 무시해버릴 수도 없다. 이런 상황에서 타당한 판결을 받기 위해 기댈 곳은 감정평가사와 재판장의 재량뿐이다.

매도청구(현금청산 포함)소송에서는 감정평가사와의 협업이 필요하다. 감정평가사에게 ① 사적인 감정을 요청하여 그 평가서를 제출하고 ② 사실조회와 ③ 감정인소환신문 시 원고, 피고 측의 평가사를 변론 시 배석시켜서 감정인을 탄핵할 수 있게 해야 한다. 감정평가업계에서도 자신의 전문적 식견과 소신에 따라 자유로운 감정을 할 수 있는 분위기가 조성되어야 한다.

또한 제1심 내에서도 재감정을 일상화하여야 한다. 변호사들이 수차에 걸친 준비서면을 통해 주장의 입증을 활발히 하는 것처럼, 감정평가 결과에 명백한 의심이 아니라도 뭔가 좀 이상하다는 정도의 합리적인 의심이 생긴다면 재감정을 실시해야 한다. 아예 처음부터 원고 측과 피고 측이 모두 감정신청을 하게 하여 복수의 감정을 받는 것도 좋다.

끝으로 감정인소환신문을 일반화해야 한다. 현재 법원실무는 사실조회로 간단히 끝내고 마는데, 그렇게 해서는 감정결과를 실질적으로 탄핵할 수 없다. 현재 서울중앙지방법원에서는 당사자들의 치열한 요구에 의하여 재감정과 감정인소환신문을 하고 있다. 법이 바뀌기 전까지는 '국민의 치열한 요청'만이 재판실무를 바꿀 수 있다.

6. 감정평가금액을 다투는 법

재개발과 달리 재건축사업에서는 대상 부동산의 시가를 평가할 때 개발이익을 고려하여 평가해야 한다. 노후화되어 철거될 상태를 전제로 하거나 주택재건축사업이 시행되지 않은 현재의 현황을 전제로 한 거래가격이 아니라, 그 토지나 건물에 관하여 주택재건축사업이 시행된다는 것을 전제로 하여 토지나 건축물을 평가해야 하는 것이다.*

그런데 재건축 분야에 경험이 많은 감정평가사가 적다 보니, 경험이 없는 감정평가사들이 이를 놓치는 경우가 많다. 따라서 매도청구소송에서 감정인의 감정 결과에 대하여 문제제기를 하거나 감정인소환신문을 할 때에는 이런 개발이익이 포함되었는지, 어떻게 평가했는지를 확인하여야 한다. 감정인이 지정되기 전에 미리 감정인 지정 의견서를 제출하는 것도 효과가 있다.

지방 소도시에서는 감정평가사, 건축사, 기술사가 매우 소수이고 그들끼리는 모두 알고 지내는 사이다. 이런 상황에서 해당 지역의

---

* 대법원 2009. 3. 26. 선고 2008다21549, 21556, 21563 판결

평가사나 건축사를 선정하면 자연히 동료 평가사나 건축사 등에게 압력을 받는다. 그래서 이러한 문제점을 지적하면서 타 지역 감정평가사를 임명하여 달라는 내용의 의견서를 법원에 제출해야 한다. 감정에 대한 의견서를 제출하는 것도 필요하다. 최근에 건물을 리모델링했으니 감정가를 높여줘야 한다고 주장하는 경우 관련된 증빙서류, 건물에 담보권을 설정하기 위해 은행에서 감정평가를 실시한 경우 그 결과, 최근의 거래시세 조사 결과를 첨부하는 등으로 소유자의 입장이 충분히 반영될 수 있도록 의견서를 제출하는 것이다.

<u>현장감정에 동행하는 것도 정확한 감정을 위해 필요하다.</u> 현장에 나가서 누락되지 않아야 할 부분을 확인하고 강조해야 한다. 감정인 소환 신문도 잘 활용하면 좋다. 재건축사업에서는 개발이익이 포함되어야 하는데 이를 누락하지는 않았는지, 평가의 시점은 정확한지, 비교표준지 설정을 잘못하지는 않았는지, 현장감정을 했는지, 평가 경험은 충분한지 등을 확인해야 한다. 감정평가 결과가 나오면 그것을 확인하고 문제가 있는 경우 문제제기를 해야 한다. 재감정 요구가 받아들여지는 경우는 적지만, 평가액이 현저하게 잘못된 경우에는 재감정이 가능하므로 결과를 확인하고 문제점이 없는지를 살핀 후 문제점이 있다면 적극적으로 재감정을 요청해야 한다.

평가금액을 증가시키더라도 평가사의 재량을 넘어서까지 증액할 수는 없다. 그러나 분명한 것은 위와 같은 조치들을 충분히 취해야

조금이라도 더 많은 금액으로 현금청산을 할 수 있다는 점이다. 그리고 이런 영역에서 해당분야 전문 변호사의 경험과 전문성의 차이가 두드러지게 나타난다.

재건축사건에서 변호사가 위와 같은 조치들을 적절하게 취했을 때 통상적으로는 10% 내외로 증가되는 것 같다. 이를 지적한 서면을 제출하면서 재감정을 요청하면, 드물지만 재감정을 받아주는 재판부도 있다. 이런 부당한 부분을 지적하고 바꿔 나가는 것이 결국 전문 변호사들이 해야 하는 역할이다.